AF600557

UNIVERSIDAD CATOLICA DE AMERICA

ESTUDIOS CANONICOS

Número 75

LAS PROCESIONES SAGRADAS

SINTESIS HISTORICA Y COMENTARIO

DISERTACION

Presentada a la Facultad de Sagrados Cánones
de la
Universidad Católica de América
en opción al grado de

DOCTOR EN DERECHO CANONICO

POR EL

RDO. PADRE CAMILO TORRENTE, C. M. F., J. C. L.
De la Congregación de Misioneros Hijos del Inmaculado Corazón de María.

WASHINGTON, D. C.
1932.

Imprimi Permittimus:

EUSTACHIUS FLAMENCO, C. M. F.
Superior Provincialis.

DIE III MAII, A. D. 1932.

Nihil Obstat:

VALENTINUS T. SCHAAF, O. F. M., J. C. D.

Imprimatur:

MICHAEL J. CURLEY
Archiepiscopus Baltimorensis

BALTIMORAE, DIE XV MAII, 1932

SPANISH-AMERICAN PRINTING CO.
NEW YORK, N. Y.

DEIPARAE VIRGINIS MARIAE
CORDI IMMACULATO

PROLOGO

Antes de empezar este ensayo nos ha parecido bien decir aquí el fin que, al escribirlo, hemos intentado conseguir.

Además de cumplir con un requisito legal, necesario para optar al grado de doctor en derecho canónico, hemos querido, al abordar el tema de las procesiones sagradas, aprovecharnos y hacer que otros se aprovecharan de las muchas enseñanzas útiles que del estudio de dicho tema se derivan. De éstas no es ciertamente la menor la de dar más importancia al mismo Código. Este nos parece ahora más grande y amplio en sus líneas generales, más vasto en sus aplicaciones tan múltiples y varias, y más armónico en la unión y lógico enlace de todos los cánones entre sí. No se puede penetrar la fuerza de un canon sin sentir a la vez la de otros muchos.

A la luz de esta nueva y agrandada idea del Código vemos con mayor claridad la imponente majestad de la Iglesia, al dictar leyes tan sabias no solamente para dirigir, sino aún para embellecer en sus mínimos detalles los actos del culto público y solemne, por cuya santidad y decoro ella vela hoy tan celosamente como ha velado siempre. Ahora entendemos mejor el sentido altísimo de aquellas palabras que dijo la santa madre y maestra Teresa de Jesús en punto a las ceremonias del culto: "Por ella, (por la menor ceremonia de la Iglesia) o por cualquier verdad de la Sagrada Escritura me pondría a morir mil muertes."[1]

Ahora bien, la procesión sagrada es algo más que la pompa brillante de ritos y ceremonias, es el culto público por excelencia, la forma colectiva más popular de adorar a Dios, de alabar a Dios, de invocar el auxilio de Dios, no en el estrecho recinto de una capilla, sino bajo las

1 Obras de Santa Teresa de Jesús. Edición y Notas del Padre Silverio, C. D., Burgos, a. 1930, c. XXXIII, pag. 252.

amplias bóvedas del cielo, a la faz del mundo. Razón es, pues, que un acto de religión tan público y solemne se prepare, organize y lleve a cabo de modo que imponga respeto, aun a los enemigos de nuestra fė, haga revivir y reflorecer la fe muerta de muchos, inflame la piedad de los tibios, aumente el fervor de los buenos y convide a todos a confesar el nombre de Cristo, Hijo bendito de Dios y Redentor de los hombres. Tan bellos resultados se lograrán si las procesiones se hacen como manda la Iglesia que se hagan.

Dicen muchos experimentados que las procesiones rigurosamente canónicas y de algun lucimiento solo pueden efectuarse en las catedrales y parroquias grandes, o en las iglesias de ciudades populosas, pero no en las parroquias e iglesias de los pueblos pequeños.

Nosotros respetando y todo el parecer de los experimentados, hacemos ver en el texto de este ensayo que en las iglesias o parroquias pequeñas pueden y deben hacerse las procesiones conforme a los cánones, y aún decimos más, con relativa pompa y selemnidad.

INDICE

Capitulo XVI

Capitulo XVII

Capitulo XVIII

Capitulo XIX

Capitulo XX

PARTE I

PUNTO HISTORICO

CAPITULO I

USO DE LA PALABRA "PROCESION"

Como idea preliminar de este corto ensayo, y siguiendo la tradición jurídica más antigua del derecho canónico[1] y civil[2] que dedican títulos especiales al significado y uso de las palabras, vamos a poner aquí algo sobre el uso de esta palabra "procesión."

Esta palabra, toda latina tal vez sea derivada de la voz griega "προσευχή" suplica, o de "πρόσοδος" que Aristófanes empleó, significando pompa solemne y procesión.[3] Mas originado o no este vocablo de las voces griegas dichas o de otras, parece muy probable haber sido él de uso muy antiguo entre los romanos, puesto que lo hallamos, como término jurídico y legal en el Código de Justiniano,[4] Cicerón ora lo usaba tal como suena "processio"[5] ora, al igual de Virgilio,[6] imitando la forma helénica πομπή decía, para expresar la misma idea, "pompa sacra."[7] Y esta voz, sinónima de procesión fué siem-

1 X, V, XL. *De verborum significatione.*

2 D. tit. XVI. *Dt verborum significatione.* En la glosa de este titulo leemos lo siguiente: "Nullam nim fere partem vel quaestionem juris paulo latiorem habuimus antea ex qua oratio aut verbum hoc titulo non exponatur aliquo". Cfr. Postius, CMF. El Código Aplicado a España 5 ed. Madrid, a. 1926, pag. 2.

3 Henry George Liddell, D. D. *Greek-English Lexicon.* New York a. 1897, pag. 1316.

4 C. XII, 3, 4. "Sancimus viris excellentissimis consularibus omnibus—procedendi quoque et re ipsa per annum gerendi consulatus, impetrato videlicet principali judicio, legitimam tribuí facultatem, ita ut acta quam meruerint *processione,* non novum aliquid vel quod nondum habeant adipisci, sed consulatus jus, quod semel eis consularitas detulerat, *processionis* iterasse beneficio videantur—" Y en otra parte (C III 24 3) dice: "Quotiens viro forte patricio vel ex patricio, vel ei quem praetorianae vel urbicariae amplissimae sedis administrátio illustrávit, vel consulari viro, quem tam ordinaria *processio* quam sacra nostrae pietatis pariter sublimavit oratio, etc. etc."

5 Harper's *Latin Dictionary,* New York, (1882) pag. 1451. "A militibus nostris reditus magis maturus quam longior *processio* quaereretur.

6 Verg. Georg. 3. "Sollemnes ducere pompas—ad delubra (deorum) juvat."

7 Cic. 5 Tuscul. 90.

pre la primitiva de la religión tan ceremoniosa de los romanos. Y así tanto en las procesiones tan bulliciosas y alborotadas de las fiestas de Baco (Marcial, 8, 78), y de los juegos circienses (Livio, 30, 38), como en las más graves y solemnes de los emperadores y magistrados al Capitolio, todas tienen la usual denominación de pompas sacras, "sollemnes ordine pompas exsequi" (Verg 5, 53.) Pero esta palabra, con ser y todo tan clásica, no recibió carta de naturaleza en el ritual de la Iglesia, donde en vez de pompa sacra o proceso, como dijeron algunos,[1] desde tiempos antiguos se ha dicho y sigue diciendo "procesiones sagradas,"[2] nombre que suena mejor en el lenguaje cristiano.[3]

El uso frecuente y aún milenario de esta palabra litúrgica ha dado origen a muchas otras derivadas de la misma, las cuales son ahora todas del caudal de la liturgia romana. Tales como "Procesional", verdadero directorio de las procesiones sagradas;[4] el "Procesionario" que contiene el himnario, la música y el canto de las procesiones;[5] donde a vueltas de otras voces hallamos la de "procesionar" que significa "procesiones sollemnes et sacras frequentare;"[6] y "processionaliter"[7] o bien como dicen otros[8] "processive".

Procesorio se aplica en la liturgia a los ornamentos sagrados que usa el clero en las procesiones;[9] *procesores*. a los que asisten al celebrante o preste,[10] y procesonario al palio, a las cruces e imágenes, a las banderas y aun a la vía por donde debe ir la procesión.[11] Todas estas palabras son de uso corriente en el ritual de las procesiones sagradas, cuya edición auténtica lleva por título "Processionale Romanum."

---

1 San Gregorio de Tours en su obra *"Decem libros historiarum"* dice: "Diaconus in albis exeat in processum."

2 Asi dijeron desde la venerable antigüedad Tertuliano, De Praescript. 43; San Leon, Epist. 82 ad Diosc. Ob. de Alejandria; San Agustin, 22 de Civ. Dei, c. 8; Menandro, Sacram Greg. pag. 177, y Honorio, lib. I de div. offic, c. 10.

3 San Agustin, in Psalmum XCIII, n. 3, op. t. IV. "Melius enim de ore chitiano ritus eloquendi ecclesiasticus procedit."

4 Sinodo Oriol. inter Conc. Hisp. pag. 714.

5 Gasendo, Not. Eccles. pag. 15.

6 Roberti Monach, Hist Palaest. t. 30, pag. 102.

7 *Amusat in Antiquit*, pag. 188. "Adjecimus etiam quod praedicti fratres venirent processionaliter ad processiones nostras sollemnes".

8 Hist. Dalph. t. 30, pag. 386.

9 Opud. S. Cyprianum, Epist. Tol. lib. I *de Vita de S. Caesarii.*

10 *Processionale* Monserrat. pag. 31.

11 Wordsworth, Salisbury *ceremonies and processions*, Cambridge, (1901).

CAPITULO II

DEFINICION DE PROCESIONES

Artículo I.—Antes de la Era Cristiana

Procesión era entre los romanos toda solemnidad civil o religiosa: la entrada solemne y fastuosa de los emperadores en los palacios suburbanos de la grande urbe metropolitana;[1] el brillante acompañamiento de los cónsules o magistrados al capitolio, al circo o anfiteatro, y la marcha de las legiones triunfadoras hacia el templo de Júpiter. Como dice Suetonio en la Vida de César, la procesión era tenida como una distinción altamente honorífica, privilegio exclusivo de los altos magistrados de la antigua Roma. Por esto cuando Constantino ofreció al Papa San Silvestre las insignias imperiales, junto con éstas cedióle también el derecho de ser acompañado con procesiones solemnes.[2]

Con todo, el significado auténtico y genuino de procesión en la más remota antigüedad fué el de ceremonia o rito religioso. Buen ejemplo de ello son las tan aparatosas manifestaciones religiosas de Egipto, de la India, Grecia y Roma. Cicerón llamaba a las grandes fiestas y sacrificios ofrecidos a los dioses, *processus ordinis sacri,* y a las muchedumbres que marchaban hacia el Capitolio, ejército de suplicantes, *agmine composito supplicantes procedere.*

---

1 Lactancio, *De Mortibus persecutionis,* c. 17.

2 Constantinopol, L. 30 "Proinde tradidit (Constantinus) Romano Pontifici palatium suum lateranense—et omnem gloriam et processionem imperialem. La crítica histórica pone en duda este hecho tan ponderado en libros y romances. Rohrbacher, *Histoire de l'église* t. IV ed. de 1872 pag. afirma ser estas larguezas de Constantino una de las muchas leyendas que ornamentan la gran figura de este emperador. Pero nosotros decimos que leyenda o no leyenda la munificencia de Constantino, no lo es que la procesión se consideraba entre los romanos como una distinción.

Articulo II.—Era Cristiana

Primitivamente, asistir o ir a las solemnidades o ceremonias del culto divino era sinónimo de procesión,[1] lo mismo en la liturgia latina que en la griega.[2] Precisando algo más la idea de procesión cristiana Tertuliano[3] y San Jerónimo[4] dicen ser la procesión sagrada una marcha grave y solemne de los cristianos en el recinto de la iglesia. Pedro Gregorio dice eran actos religiosos en que se convocaba al clero y pueblo marchando con cruces, banderas y antorchas.[5] Por eso Rosatti, inspirado en la lectura de los ceremoniales antiguos dice son las procesiones en general, "oraciones públicas que la muchedumbre y el clero, andando de un lugar a otro elevan a Dios para honrarle, darle gracias por los favores recibidos y pedirle otros nuevos."[6] Esta, como se ve, no es una definición completa de procesión sagrada, como tampoco lo es la del comentarista del Ritual Romano, Catalani, el cual dice que procesión es "sacra vel pia cleri et populi precabundi, cum certo ritu ac caeremonia, progressio"[7] Ahora, todos los rubricistas y canonistas ponen como diferencia específica de procesión sagrada "ire de sacro loco in sacrum, clero ducente,"[8] conforme a la letra y al sentido del texto canónico que ahora vige.

Articulo III.—Procesión Canónica

El código da una definición completa de procesiones sagradas cuando dice ser ellas súplicas solemnes que el pueblo fiel, guiado por el clero, hace, yendo ordenadamente de lugar sagrado a lugar sagrado,

1 Mabillon, Anal. t. IV pag. 202. "Procedere idem est ac sacris interesse vel sacra frequentare".

2 Walcott, Sacred Arch. s. v.

3 Tert. *Ad uxorem,* 1. 2.

4 San Jerónimo, Epist. I ad Cor. c. 11.

5 Petrus Greg. lib. I. tit. 20, c. 4. "Processiones a procedendo dicuntur, nam, convocato et procedente clero cum crucibus, vexillis et cereis ac sequente populi, (fiunt)."

6 Rosatti, *Manuale di Spiegazione del Catechismo,* 3a. ed. pag. 348.

7 Rituale Rom. Bened. XIV a Catalani com. t. II. pag. 150.

8 Antoñana, C. M. F. *Manual de Lit.* 3a. ed. t. II. pag. 217,

a fin de excitar la piedad de los fieles, conmemorar los beneficios de Dios y darle las gracias e implorar el auxilio divino.[1]

La importancia de esta definición que llamamos canónica por hallarse tal como la hemos formulado en el Código canónico, pide un ligero comentario.

a) "Suplicationes sollemnes....." entre los romanos eran oraciones públicas, o días especiales en que se abrían los templos de par en par y se llevaban las estatuas de los dioses en carrozas para recoger, decían ellos, las peticiones clamorosas del pueblo idólatra.[2] Dos veces trae esta palabra "supplicationes" la Vulgata: "Alii etiam gregatim de domibus confluebant publica supplicatione obsecrantes,"[3] que Amat traduce así: "Salían al mismo tiempo muchos a tropel de sus casas pidiendo a Dios con públicas rogativas....."

También hallamos dicha palabra en San Pablo "preces supplicationesque" que el escriturario Calmet considera como funciones solemnes del sacerdocio de Cristo al ser inmolado por nosotros en el ara santa de la cruz, si bien la traducción literal es de "plegarias y súplicas.[4]

b) "Quae fiunt a populo fideli," que se hacen, rezan, cantan o celebran por el pueblo fiel. El pueblo no parece que haya de ser multitud, si bien Vermeersch dice lo contrario.[5] La práctica de la Iglesia es llamar procesión, aun cuando no se reuna más que un pequeño grupo, al acompañamiento del viático a los enfermos.

La procesión debe componerse de fieles, "a populo fideli." Solamente los que son bautizados y viven en comunión con la iglesia pueden participar de nuestro culto.[6] "Así como, dice Maroto,[7] para

---

1 Can. 1290—§ 1. "Nomine sacrarum processionum significantur solemnes supplicationes quae a populo fideli, duce clero, fiunt eundo ordinatim de loco sacro ad locum sacrum, ad excitandam fidelium pietatem, ad commemoranda Dei beneficia eique gratias agendas, ad divinum auxilium implorandum."

2 Walcott, *Cyclopaedia,* "Supplication."

3 II Mac. III, 18.

4 Hebr. c. V, 7. (*Biblia de Amat,* 2 ed, Madrid, a. 1832).

5 Vermeersch, *Epitome II,* pag. 380 n. 616.

6 C. S. O. 24 de Feb. de 1752. "A processione SS. C. Christi schismatici sunt excludendi".

7 Maroto, C. M. F. *Institut.* Lib. II, pag. 482.

la plena capacidad jurídica romana se requerían tres cosas, a saber: ser libre, ciudadano e independiente de todo poder ajeno, así también para la plena capacidad jurídica cristiana se requiere ser libre en Cristo por el bautismo, ciudadano de la iglesia e independiente de todo vínculo de herejía, cisma o censura, todo lo cual dice muy bien con el can. 87 cuyo texto es como sigue: "Mediante el bautismo obtiene uno ser persona jurídica en la iglesia de Cristo, a no haber, por lo que a derechos toca, algún óbice que impida la comunión con la iglesia, o alguna censura infligida por la misma iglesia.[1]

c) "Eundo ordinatim..." Si el pueblo fiel no se moviera ordenada y pausadamente, no se conseguirían los fines tan nobles y santos a que se endereza la celebración de las procesiones sagradas. Como veremos en la segunda parte de este ensayo, el orden que se ha de guardar en las procesiones, constituye el punto cardinal de toda la legislación canónica sobre procesiones.

d) "De loco sacro ad locum sacrum......" o lugar dedicado al culto divino; "ad locum sacrum" que puede ser el mismo de donde parte la procesión y que es lo que generalmente sucede.[2] Sólo la iglesia que es "la casa de Dios,"[3] o como dice el Evangelio, "casa de oración," es el lugar nativo de las procesiones que son oraciones públicas o rogativas solemnes.

e) "Duce clero..." *Ducere* aquí significa preparar, disponer u ordenar y dirigir la procesión.[5] Las procesiones sagradas, como oraciones públicas que son, forman parte de la liturgia o del culto público y ritual,[6] Ahora bien, el culto público debe ofrecer o dirigirse por aquellas personas legítimamente deputadas para los ministerios

---

1 Can. 87. "Baptismate constituitur homo in Ecclesia Christi persona cum omnibus christianorum juribus et officiis, nisi, ad jura quod attinet, obstet obex, ecclesiasticae communionis vinculum impediens, vel lata ab Ecclesia censura.

2 Vermeersch, o. c.

3 I Esd. c. VI, 3.

4 Luc. c. XIX, 46.

5 *Jus Pont.* II, pag. 128, "Ducere processionem" est processionem parare, disponere, dirigere.

6 Hansen, S. J. *La Definition de la Liturgie,* in Greg. pag. 204.

eclesiásticos y para la dirección del pueblo fiel, es decir, por el clero,[1] especialmente el ordinario del lugar o el párroco.[2]

f) "Ad excitandam fidelium pietatem..." Nada hay tan vivo y eficaz para excitar la devoción y piedad de los cristianos, y la fe y confianza de todos en el poder divino, como la pompa y brillantez de las aparatosas manifestaciones del culto rendido a la divinidad.[3]

Las procesiones sagradas son algo semejante a los autos sacramentales de lo buenos tiempos de la católica España. Los autos de Juan de la Encina, Gil Vicente, Lope de Vega, Montalván, Baldivieso y, muy particularmente, los de Calderón de la Barca, fueron cuadros iluminados de la religión, grandiosas manifestaciones, a veces, de la historia de ambos testamentos, de una eficacia inmensa para la instrucción del pueblo,[4] o, como dijo otro,[5] son un verdadero drama, donde todos salen al escenario, desempeñando el papel de actores, expresando con palabras, con acciones, músicas o cantos la religión que profesan; son la plegaria de muchos reunidos que siempre hace bajar a Dios del cielo, es decir, lo hace presente como dice el Evangelio,[6] "donde hubiere dos o tres congregados bajo mi nombre, allí me hallaré yo presente en medio de ellos." Son las procesiones sagradas, finalmente, la oración del canto litúrgico que hacía prorrumpir en delicioso llanto al penitente San Agustín,[7] y emocionaba el alma turbulenta de Rouseau;[8] o son la oración de la música sagrada que prolonga, como dice Santo Tomás, los afectos del alma.[9] De ahí nace

1 S. C. R. 20 de Agosto de 1870. "Nec suficit ut clerus quoquo modo adsit, sed requiritur ut adsit qua clerus, et quidem vestibus sacris paratus." (Decret. Auth. 3217) Cfr. P. M. C. Coronata, O. M. C., *Inst. Juris Canonici*, Vol. II Taurini, Italia, a. 1931, pag. 190.

2 Can. 462 "Functiones parocho reservatae sunt, nisi aliud caveatur: —Fontem baptismalem in Sabbato Sancto benedicere, publicam processionem extra ecclesiam ducere, etc."

3 Santo Tomas, *Sum. c. gent.* I. 3 c. 119. "Experimento apparet quod per corporales actus anima excitatur ad aliquam cognitionem vel affectionem: unde manifestum est convenienter etiam corporalibus quibusdam nos uti ad mentis nostrae elevationem in Deum".

4 Schack, *Geschichte der dramatischen* Lit. in Spanien, a. 1846.

5 L'Abbé Sertillanges, *La Priere*, pag. 309.

6 S. Mateo, c. VII, 22.

7 San Agustin, Conf. I, IX, c. VI.

8 Bernardin de St. Pierre, *Etude de la Nature*, t. III, pag. 508.

9 *De Arte Musica*, Obra atribuída a Santo Tomás, ed. Ameli, Milán.

que todos los pueblos de la tierra, de una manera o de otra, han siempre animado la celebración del culto público y solemne con la vocería del canto popular, o con los estruendos de los instrumentos musicales; costumbre santa y venerable que la Iglesia, heredera de las bíblicas tradiciones, ha tomado de la liturgia mosaica, donde Dios mismo ordena que los sacerdotes, al congregar las muchedumbres (para orar,) hagan resonar la voz de las trompetas.[1]

1 Num. X, 7.

CAPITULO III

DIVISION DE LAS PROCESIONES SAGRADAS

Ayudará mucho a esclarecer el concepto de procesiones sagradas, si apuntamos aquí las clases en que ellas se dividen, no todas, por no causar confusión, sino meramente las principales.

De la definición canónica de procesiones sagradas nace la división general de las mismas. Las que son "ad excitandam fidelium pietatem" se llaman *piadosas,* como la del Rosario, del mes de María, y de la primera comunión; las que se hacen "ad commemoranda Dei beneficia" dícense *conmemorativas,* como la de Corpus Christi o la del Triunfo de la Cruz; las que la Iglesia ordena "ad gratias Deo agendas" llevan el nombre de *gratulatorias,* como las jubilares y otras de que habla el Ritual y Misal Romano; y, finalmente, las celebradas "ad divinum auxilium implorandum" denomínanse *impetratorias o rogativas,* tales como las que el Ordinario del lugar o el párroco ordenan con ocasión de una calamidad pública, peste, hambre, guerra, mortandad o sequía, etc. etc.

La división máxima del Código[1] es en ordinarias y extraordinarias. *Ordinarias* son las que tienen día fijo señalado en la liturgia, como la procesión de la Candelaria, de las Palmas, Rogativas del 25 de Abril, Corpus Christi y de los santos patronos o titulares. *Extraordinarias,* se dicen las que carecen de día fijo y se celebran por causas graves, bien que transitorias, por ejemplo, la procesión "ad petendam pluviam vel serenitatem" o por algún favor del cielo, otorgado a la Iglesia, a la ciudad o a la nación.

Además, tanto las ordinarias como las extraordinarias se subdividen en generales y particulares, según que se hagan con asistencia de todo el clero del lugar o con la de solo el clero adscrito a la iglesia que

1 Can 1290—§ 2.

celebra la procesión.[1] Hay también procesiones sagradas que los rubricistas llaman *festivas* por ser propias de algunas fiestas del año litúrgico, como la procesión solemnizada en la fiesta de la Santísima Trinidad, de Ressurrección, Ascención, Asunción y otras; las de Cuaresma y Semana Santa, dícense de *penitencia y teoféricas* aquellas en que se lleva el Santísimo Sacramento.

San Jerónimo hace mención de la procesión *dominical* que era general en toda la cristiandad y que, indudablemente, no era más que el preludio de la misa; [2] otros hablan de la procesión *de las antorchas;* [3]de la *septiforme* (niños, pobres, viudas, casadas, hombres, monjes, siervos de Dios o clérigos); [4] de la procesión *plenaria*, por razón del número de clérigos que la componían;[5] y finalmente, *de la estacionaria* [6] la que antiguamente salía de la sacristía, acompañando al celebrante al altar, o al Obispo desde la puerta de la iglesia, o desde el palacio episcopal, con pran pompa, señaladamente en el oriente.[7] Dignas son tampién de mentarse por lo piadosas y, aun por lo pintorescas, algunas procesiones estacionales de que hablan los rituales de la edad media, celebradas con inusitada brillantez, mayormente en Inglaterra, hasta muy entrado el siglo XVIII. Consistían éstas de una rogativa popular que se hacía por los campos, implorando la bendición divina sobre los campos; la turba se detenía o estacionaba en los cuatro puntos cardinales, norte, sur, este, oeste, leyendo en cada sitio el santo Evangelio, seguido de otras preces, y rociando luego el campo ya sembrado, con agua bendita,[8] como queriendo difundir sobre la tierra, cuyo seno apretaba los gérmenes de vida, la virtud fecunda y creativa del Padre soberano y omnipotente, la sola que hace florecer y granar las mieses de los campos, según que de El dice el

---

1. Antoñana, o. c. pag. 218.
2. San Jerónimo, "*ad Eustochium in Epitaph.*
3. San Greg. el Grande, Diálogo CXXX.
4. Gaume, *Catechisme de Perseverance*, ed. 11e. t. VII, pag. 243.
5. Pontifical de San Luciano, Bellovac apud Mart. de Eccles. Discipl. pag. 312 "Stent in ordine suo singuli in Ecclesia spectantes donec veniat pontifex cum processione plenaria—"
6. San Amando, Ordo n. 6, Duchesne, *Christian Worship*, pag. 474.
7. Martene, *De Antiquis Eccl. ritibus* (Venecia, a. 1788).
8. Hazlitt, *Faiths and Folklore*, t. II, pag. 478. "On Rogation Days the Gospels were read in the corn fields here in England until the civil wars."

texto bíblico del Génesis: "Y dijo El: germine de la tierra hierba verde y que ésta grane; y árboles frutales que tengan semilla según la naturaleza de ellos......" [1]

---

1 Gen. I, 11. "Et ait: germinet terra herbam virentem et facientem semen et lignum pomiferum faciens fructum juxta genus suum, cujus semen in semetipso sit super terram".

CAPITULO IV

ORIGEN DE LAS PROCESIONES SAGRADAS

La crítica histórica racionalista, por haber rechazado como un estorbo la revelación, en igual de depurar la historia de fábulas y leyendas como promete, no hace, en muchos casos, otra cosa que oscurecerla, inventando nuevas leyendas o fábulas, aún más vulgares e inverosímiles.

Articulo I.—Notas Generales

Está ya de moda entre los maestros y discípulos de la escuela racionalista el buscar en los ritos y fiestas paganas el origen de nuestras fiestas y del culto de los santos; esta moda, como todas las modas suelen hacerlo, se exagera tanto que, a las veces, pasa los límites de lo ridículo y grotesco. La falta de delicadeza y de verdad, y sobre todo del sentido y del instinto de la fé los incapacita para dar idea de nuestras cosas.[1] Hay quienes dicen haber San Pablo concebido la idea de la sagrada Eucaristía, cuando éste, dicen ellos, asistía cerca de Corinto a los misterios paganos de Eleusis. Consistían ellos en un banquete, del cual participaban todos los iniciados, y por medio del cual comunicaban con los dioses.[2] No importa que San Pablo anuncie con el lenguaje más grave y solemne "Ego accepi a Domino quod tradidi vobis"[3] y que una tradición milenaria confirme la verdad histórica del relato apostólico, la moda estulta de revolver lo sagrado con lo profano debe seguirse. Heitmuller[4] sigue también el modo y la moda racionalista de Percy. Vió él que los iniciados en el culto de Mithra usaban tomar un "alimento divino," compuesto de pan y de agua, y ya eso fué razón contundente para deducir que el culto eu-

1 Revue Augustinienne, t. X, Louvain. a. 1907. pag. 720.
2 Percy Gardner, *The Origin of the Lord's Supper* (1893).
3 I COR. XI, 23.
4 M. W. Heitmuller, *Taufe und Abendmahl bei Paulus* (1903).

carístico de los cristianos venía del culto de Mithra. No será ello buen modo de probar un hecho, pero así es la moda de la lógica racionalista.[1] Es la lógica misma de que se vale M. E. Lucius, profesor de teología de la Universidad de Strasburgo para venir a concluir que el culto de María ha tenido su origen primitivo en el culto de los paganos a las diosas protectoras de las mieses de los campos y de las aguas de los mares. (2)

Artículo II.—Origen Natural de las Procesiones.

Tanto a la luz de la filosofía como de la historia, vemos que el hombre, naturalmente sociable, tiende a expresar de una manera más o menos rudimentaria o brillante, según el ambiente de cultura en que nace y vive, las creencias y misterios de la religión que él profesa. (3) De ahí que la mayoría de los pueblos, como dice la etnología, haya instituido ritos y ceremonias para elevar a la divinidad, imaginaria o real, la ofrenda de sus sacrificios y el místico incienso de sus plegarias.

(4) Ahora bien, como las procesiones sagradas no son otra cosa que públicas manifestaciones de las creencias del pueblo "sollemnes supplicationes," debemos concluir, sin titubear, que las procesiones sagradas son de origen natural. Por esto no hallamos un momento en la larga historia del género humano en que no fulgure en la tierra la lámpara de la creencia religiosa con llamaradas de culto externo.

El culto rendido a la divinidad en su forma exterior más primitiva y

---

1 P. Battifol, *L'Eucharistie dans le noveau Testament,* pag. 24-25. *Revue de l'histoire ecclésiastique,* a. 1904, pag. 290-298.

2 *Revue du clergé français,* 1907, pag. 728. "Un esprit ingenieux et inventif n'est jamais embarrassé pour decouvrir des analogies, même dans les cas les plus rebelles".
La idea tan equivocada de que el culto cristiano se deriva originariamente de los cultos paganos floreció con mucha pompa en la escuela luterana de los famosos centuriadores de Magdeburgo, cuyos propagandistas principales han sido y son, además de la *Jewish Encyclopaedia* y la *Grande Encyclopedie,* casi todas las enciclopedias protestantes, mayormente la *Britanica.* Belarmino (hoy santo Doctor de la Iglesia) refutó en su magna obra "De Controversiis Christianae Fidei" II, pag. 463-73) los errores vertidos por los centuriadores después de la Reforma. Cfr. Delahaye, *"Legends of the Saints,* pag. 160.

3 César Cantú Hist. t. II, c. 28 (*Religiones en general*).

4 C. Moret, *Rituel du culte divine* (1902, DE Osiris).

sencilla fué ejercido antes de Moisés por los adoradores del Dios verdadero, y aun podemos decir que el culto externo es tan antiguo como la raza humana. [1] Efectivamente, Adán creado en estado de gracia, [2] o instituido en él, como dice el Concilio de Trento, [3] y perfecto en todos los dones de naturaleza,[4] especialmente en los de inteligencia y sabiduría [5] fué por divina ordenación constituido pedagogo y rector de los primitivos moradores del mundo, los cuales oficios no podía él ejercer bien, sino es sabiendo todo lo que debe saber para ordenar la vida propia y la de los demás en todo lo que se refiere a uno mismo, a los otros y, sobre todo, a Dios. [6]

Con razón, pues, dice Vigouroux, que Adán conoció a Dios y le adoró como a creador y gobernador providentísimo de todas las cosas, y que la fé y religión del primer hombre, a lo menos en el fondo, fueron la misma fe y religión que ahora profesamos.[7] Por consiguiente, los que aseguran haberse desarrollado la religión gradualmente, desde el más embrionario fetiquismo, subiendo hasta las claridades más esplendentes del monoteismo cristiano se oponen a las realidades de la historia.[8] Santo Tomás asienta una verdad del todo opuesta a la idea de aquellos que, aun dentro de la esfera moral y religiosa, quieren hacer valer la teoría o mejor la hipótesis evolucionista, cuando dice que siempre lo perfecto precede a lo imperfecto como el acto precede a la potencia, ya que lo que sólo existe en la potencia, no puede actuarse, sino es por algún ser que existe en acto. [9]

---

1 Vigouroux, *Manuale Biblico* (trad. ital.) vol. I, a. 1912, pag. 725.

2 S. Tom. 1a. p. q. XCIV, a. 1.

3 C. de Trento, Ses II, 1.

4 S. Tom. 1a. p. p. q. XCIV, a. 3 "Primus homo institutus est in statu perfecto, ut statim posset alios instruere et gubernare—Ad gubernationem autem vitae propriae et aliorum non solum requiritur cognitio eorum quae naturaliter sciri possunt, sed etiam cognitio eorum quae naturalem cognitionem excedit.

5 Gen. II, 20

6 S. Tom. l. c.

7 Vigouroux, *La Bible,* 5 ed. t. III, pag. 17.

8 E. de Rouge, *Conference sur la religion des anciens Egyptiens,* (18 9) "Il y a plus de cinq mille ans q'a commencé, dans la vallée du Nil, l'hymm à l'unité de Dieu—et nous voyons, dans le dernier temps, l'Egypt est arrivé au polyteisme plus effrené."

9 S. Tom. 1 p. q. XCIV, a. III. "Perfectum praecedit imperfectum sicut actus potentiam, quia ea quae sunt in potentia non reducuntur ad actum nisi per aliquod ens actu."

Artículo III.—Origen Tradicional de las Procesiones Sagradas.

La grande, la plena, la fecunda e inmensa actualidad del culto externo y solemne existió, antes que existieran las religiones mitológicas del paganismo, en la edad primitiva del hombre, o digamos, en la patriarcal. Moisés, hebreo de gran cultura y sabiduría, varón grande entre los grandes,[1] gran conocedor de las ciencias y religión de los egipcios,[2] no mienta en el Génesis más culto que el ofrecido a Dios en la aurora del mundo y en la edad dichosa de los patriarcas. Dice de Caín y Abel que ofrecían a Dios sacrificios de los frutos del campo el primero, y de las crías más lucidas de su ganado el segundo;[3] habla del sacrificio de Noé, y del modo como lo refiere, supone haber ya entonces varias clases de sacrificios y especiales ritos para ofrecerlos.[4] De Abraham dice el autor del Génesis que dió el diezmo de todos sus bienes a Melquisedec,[5] y ofreció holocaustos por su hijo,[6] y aun que rendía a Dios culto de adoración en presencia de su pueblo,[7] y, finalmente, dice Moisés que el gran Patriarca erigió altares cerca de Betel y Hebrón, proclamando la gloria del Dios excelso.[8]

El acto supremo del culto externo ha sido siempre el sacrificio, ofrecido a la divinidad; de ahí viene la erección de altares. Estos al principio fueron muy sencillos, montículos de tierra, cubiertos de piedra tosca. La vida nómada que vivían los adoradores del Ser divino y supremo, no pedía otros más valiosos y duraderos. Fungían de sacerdotes, al ofrecer los sacrificios, los hijos primogénitos, los cuales, afir-

---

1 Exod XI, 3. "Vir magnus valde in terra Aegypti."

2 Act. VII, 22. "Et eruditus est Moyses omni sapientia Aegyptiorum—"

3 Gen. IV, 3-4.

4 Aedificavit autem altare Noe Domino: et tollens de cunctis pecoribus et volucribus mundis, obtulit holocausta super altare.

5 Gen. XIV, 19. "Et dedit ei decimas de omnibus".

6 Gen. XXII, 13. Es digno de leerse lo que, años hace, publicó sobre alguno de estos textos el escritor Pianciani en *Civiltà Cattolica,* julio de 1862, pag. 317.

7 Gen. XXIII, 12. "Adoravit Abraham coram populo terrae."

8 Gen. XII, 8. "Et inde transgrediens ad montem qui erat contra orientem Bethel tetendit ibi tabernaculum suum, ab occidente habens Bethel, et ab oriente Hai: aedificavit quoque ibi altare Domino et invocavit nomen ejus.

ma Vigouroux,[1] usaban vestiduras especiales,[2] y aunque la Biblia solo dice los nombres de dos sacerdotes de aquella época,[3] Melquisedec y Jetro,[4] tal vez por la actuación especial de ellos en la historia del pueblo hebreo.

Fuera de los altares dichos, los patriarcas, en los sitios donde habían sido favorecidos con alguna visión o revelación del cielo, solían levantar monumentos, hechos de gruesas piedras, que ellos consagraban con alabastros de perfume y copiosas infusiones de óleo santo. Acaso de aquí tomaron pie los fenicios y otros pueblos del oriente para erigir sus betilos o meteoritos para honrar a falsas divinidades.[5] El voto,[6] el juramento,[7] la prohibición de derramar sangre humana,[8] y, sobre todo, la grande institución del sábado, día de Dios, alma de todas las observancias de la ley mosaica, son monumento bíblico y tradicional de la potente vitalidad religiosa, antes de que se inventaran las fábulas y leyendas de las pomposas fiestas paganas.[9]

Artículo IV.—La Crítica Moderna confirma lo dicho.

No solo estos pocos fragmentos de la tradición, esparcidos en las primeras páginas del texto divino, sino también ciertos hallazgos de le sana crítica histórica, vienen a probar que la religión primitiva, enseñada por Dios a la primera familia humana, es, realmente, el centro primero y universal de irradiación religiosa del mundo.[10] La asiriología, por ejemplo, ha arrojado un raudal de nueva luz sobre los orígenes de la institución sabática, y hecho casi evidente que el sábado fué observado en la patria de Abraham desde la más remota antiguedad.[11]

1 Vigouroux, *Manuale Biblico,* vol. I; pag. 729. "Le funzioni sacerdotali erano esercitate dai promogeniti, vestiti di particolari indumenti."
2 Gen. XXVII, 27.
3 Gen. XIV, 18 "—erat sacerdos Dei altissimi".
4 Exod. XVIII, I, "Jethro sacerdos Madian cognatus Moysi."
5 Vigouroux, *Les Libres Saints et la critque rationaliste,* 5 ed. t. IV, pag. 354. Moisés prohibió los betilos por inducir ellos a la idolatría Lev. XXVI, 1.
6 Gen. XXVIII, 20.
7 Gen. XXIV,
8 Gen. IX, 5.
9 Natal Alejandro, Hist. Eccles.—*Disertatio de Noachidarum praeceptis,* t. I, pag. 27.
10 Monthery, *Soiréés,* pag. 256.
11 Vigouroux, *La Bible et les descouvertes modernes.* 6 ed. t. I, 238.

Y además, la egiptología, la descifración de los geroglíficos y de las inscripciones cuneiformes; la versión a nuestras lenguas vulgares de los libros tenidos por sagrados en la Persia, China, India y Egipto; y, finalmente, el examen más minucioso de las religiones, hechos por sabios orientalistas, han esclarecido puntos históricos de religiones que, únicamente, parecían existir en las leyendas y literaturas orientales,[1] y puesto de relieve nuevos contrastes y semejanzas entre el culto pagano y el bíblico, cuyos sacrificios le parecen a W. Robert Smith el verdadero tipo de los sacrificios semitas. [2] todo lo cual viene a corroborar la verdad histórica del Génesis, oráculo de la religión primitiva que la Providencia hizo florecer, en medio de Israel, con mayor pompa y exuberancia de ritos y ceremonias.[3]

En consecuencia, de lo referido en el Génesis, bien que incidentalmente, sobre la vida religiosa primitiva y patriarcal, podemos deducir que la religión hebrea, con toda la opulencia de sus ritos y ceremonias y áun procesiones sagradas, se hallaba *in radice*, o en germen, contenida en la religión primitiva, revelada por Dios a los primeros habitantes de la tierra.

---

1 Eugene Flandrin, *Voyage en Perse,* vol. II, pag. 203.

2 W. Robert Smith, *The religion of the Semites*, 2 ed. pag. 218, (1894).

3 F. E. Gigot, S. S. *Biblical Lectures,* pag. 150. "Under his (Moses) influence the ancient worship of the patriarchs was invested with new features, most of which are detailed in the middle books of the Pentateuch."

CAPITULO V

LAS PROCESIONES HEBREAS

El año 400 de la subida de Jacob a Egipto, y 1230 antes de Jesucristo, salió Moisés de aquel país a la cabeza de dos millones de israelitas, camino del desierto hacia la tierra de Canaán para ofrecer sacrificios al verdadero Dios,[1] y abrasar y consumir en el fuego las abominaciones de los egipcios, es decir, los animales que los egipcios adoraban.[2] Ahora, como los hebreos, por haber convivido siglos con los egipcios eran tan inclinados a la idolatría,[3] Moisés inspirado y enseñado por Dios mismo, escribió un código de leyes ceremoniales, relativas al culto divino, como sacrificios, bendiciones, sacramentos y otras observancias religiosas, con el doble fin, primero, de evitar la superstición,[4] y segundo, rendir un culto puro y santo a la majestad de Dios que dijo: "Sed santos, porque yo soy santo."[5]

No es, pues, de maravillar que este código, o divino ceremonial, sea, en algunos puntos, tan parco y medido en solemnidades hasta llegar a prohibir el uso de imágenes y restringir el número y calidad de los sacrificios. [6] Todo ello fué ordenado así, para que los hebreos, bajo pretexto de imitar la pompa de las fiestas paganas de Egipto, no imitaran también las liviandades del culto rendido a los dioses falsos. [7] Tal vez por ésta misma razón no se introdujeron las proce-

---

1 Exod. V, 1. "Dimitte populum meum ut sacrificet mihi in deserto.

2 Exod. VIII, 26 "—abominationes enim egyptiorum immolabimus Deo nostro."

3 Gigot, S. S. *"Biblical Lectures"* pag. 161.

4 S. Tom. 1a. 2ae. q. CI, a. 3. "Erant enim in illo populo aliqui ad idololatriam proni, et ideo necesse erat, ut ab idololatriae cultu per praecepta caeremonialia revocarentur ad cultum Dei.

5 Levit. XI, 45.

6 S. Tom. 1a. 2ae. q. CI a. 3 ad 3. "Ad tertium dicendum quod vetus lex in multis diminuit corporalem cultum, propter quod statuit quod non in omni loco sacrificia oferrentur neque a quibuslibet.

7 Vigouroux, *La Bible et les Descouvertes Modernes,* t. III, pag. 3.

siones en la liturgia hebrea como una ceremonia legal reglamentada, sino que éstas se celebraron no más ocasionalmente, como puede verse en el texto sagrado. Fué la primera de ellas la de Josué alrededor de los muros de Jericó, (procesión la llama Baronio) la cual no fué otra cosa que la oración clamorosa de una muchedumbre dirigida al Dios de los ejércitos, [1] contra los enemigos del pueblo escogido; muchedumbre que iba de lugar sagrado a lugar sagrado, ya que lugar sagrado era donde se guardaba el arca santa, y conducida por los sacerdotes, que llevaban en hombros el sagrado relicario. [2]

Tan verdadera procesión como ésta y aún más popular nos parece la historiada en el capítulo III de Josué, donde se refiere que pasaron los pregoneros por los campamentos, convocando al pueblo para hacer los honores al Arca de la alianza y seguirla en procesión tras de los sacerdotes." Pasaron los pregoneros por entre los campamentos, y comenzaron a vocear diciendo: Cuando viereis el Arca del Señor Dios vuestro, y a los sacerdotes que la llevan, alistaos para seguir a los que marchan delante." [3] Digna de notar es también aquella procesión tan magnífica y pomposa que celebraron los judíos, después de haber reedificado los muros de la ciudad santa de Jerusalén, con la asistencia de todos los sacerdotes, ancianos y príncipes del reino, y con gran aparato de músicos y coros de cantores y otrosí con mucha riqueza de ofrendas y millares de víctimas; [4] y aun supera a ésta en brillantez, riqueza y magnificencia, la procesión, mandada celebrar por Salomón, cuando trasladó el Arca desde la ciudad de David al templo, recientemente dedicado al Dios de Israel entre nubes de gloria celeste, y las aclamaciones y plegarias clamorosas de un pueblo inmenso. Dice el sagrado texto: "Entonces se congregaron en Jerusalén todos los ancianos de Israel con los príncipes de las tribus y cabezas de las familias de los hijos de Israel, al llamamiento del rey Salomón, para trasladar el Arca del Testamento del Señor desde la ciudad de David, esto es, desde Sión. Juntóse, pues, todo Israel ante el rey Salomón en el día solemne del mes de Etamín, que es el mes séptimo. Y acudie-

[1] Josué, VI, 20. "Igitur omni populo vociferante et clangentibus tubis etc."

[2] Josué, VI, 4. "Septimo autem die sacerdotes tollant septem buccinas quarum usus est in jubileo, et praecedant arcam foederis: septiesque circuibitis civitatem, et sacerdotes clangent buccinis."

[3] Josué, III, 2-3.

[4] II Esdras, XII, 27 y sig.

ron todos los ancianos de Israel, y los sacerdotes tomaron el Arca del Señor y el tabernáculo de la Alianza en que estaba y todos los vasos del Santuario que había en el tabernáculo, y llevábanlos los sacerdotes y levitas. Mas el rey Salomón y toda la multitud reunida a él iban delante del Arca e inmolaban ovejas y bueyes sin tasa ni número. Por fin los sacerdotes colocaron el Arca del Señor en el lugar destinado del oráculo del templo en el *Sanctasanctorum* debajo de las alas de los querubines."[1]

Finalmente, aventaja en grandiosidad, y sobre todo en significación histórica y religiosa, a todas las procesiones sagradas la celebrada en Jerusalén aquel día grande y glorioso, cuando las turbas alborozadas seguían al Cordero divino, Cristo Jesús, Sacerdote eterno, víctima palpitante de amor y de dolor, que marchaba entre palmas y ramos de olivo hacia el altar de la cruz para expiar los pecados del mundo.[2] Esta procesión puede llamarse y en realidad fué la última del Antiguo Testamento y la primera del Nuevo.

---

1 III Reyes, VIII, 8 y sig.

2 *Dictionaire Encyclopedique de la Theologie Catholique,* t. XIX, pag. 170. "On peut appeller à bon droit l'entrée solemnelle de Jesuchrist dans Jerusalem le dimanche de Rameaux une procession."

CAPITULO VI

PROCESIONES CRISTIANAS

Como la religión hebrea fué la heredera nata de la primitiva, revelada por Dios y trasmitida por la tradición, así también la cristiana es la heredera y continuadora de la hebráica.[1] Es, pues, natural que haya cierta analogía y semejanza entre el culto cristiano y el hebreo o judío, semejanza que naturalmente fué mayor en los albores del cristianismo.[2]

Al principio, en los días inmediatos a la Resurreción del Señor, el culto cristiano apenas se distinguía, en la forma exterior, dēl culto mosáico. Todo él se reducía a leer el Antiguo Testamento, a escuchar una exhortación sobre algún pasaje bíblico y cantar salmos seguramente con la misma tonada y melodía hebreas.[3] Usaban los cristianos, al orar, muchas palabras del ritual judaico, como por ejemplo: "Amen, Aleluya, Hosana, Pax vobis, Dominus vobiscum, Deus Abraham, Deus Isaac et Deus Jacob" y otras muchas. También adoptaron los primitivos cristianos las abluciones de los judíos, la imposición de manos, el uso del aceite, del incienso, de la sal, como también la celebración de las fiestas de Pascua y Pentecostés, bien que por un fin muy distinto; las letanías (en cuanto a la forma sólo), la anáfora o prefacio, la doxología y la división de la semana en siete días y el día en horas canónicas, prima, sexta tercia, sexta y nona. [4].

Estas imitaciones del ritual o ceremonial judío, debidas en gran parte a las exigencias del momento histórico, en nada amenguan la exce-

---

1 Gigot, *Biblical Lectures*, pag. 168. "In almost all its leading features the Christian worships continues the Hebrew workship.

2 Gustavo Bickell, *Messe und Pascha*, (English Trans. by W. E. Skene under the title *"The Lord's Supper and the Pasover"*, Ed. 1891).

3 Dom Fernand Cabrol, O. S. B. *The Prayer of the early Christians*. (English Trans by E. Graf, ed. 1930).

4 Act. III, 1. "Petrus autem et Joannes ascendebant in templum ad horam orationis nonam.

lencia, originalidad e independencia del ritual cristiano, superior en el fondo y en la forma al de la sinagoga y aun al de todas las demás religiones.[1]

A uno le basta saber que todo el ritual cristiano gravita hacia Cristo, cuya vida sacramental informa, anima y energiza todos los ministerios, sacramentos y ritos sagrados, los cuales, después de todo, no son sino la fórmula externa y viviente de un acto de adoración perenne y contínua a la Trinidad augusta.[2] Casi todas las referencias del Nuevo Testamento al culto cristiano, ora directa ora indirectamente, siempre indican algo que se refiere a la Santa Eucaristía. "Tenemos un altar, dice San Pablo, del cual no pueden comer los que sirven al templo judío."[3] Y en otra parte: "¿No es el cáliz que bendecimos la comunión de la sangre de Cristo?" Y el pan que partimos, ¿no es la participación del Cuerpo del Señor?[4] Y como no puede haber Eucaristía sin sacerdocio, según aquel texto: "hoc facite in meam commemorationem,"[5] San Pablo habla también de él en diferentes lugares. Insinúa la primitiva jerarquía eclesiástica de obispos, puestos por el Espíritu Santo para regir la iglesia de Dios,[6] y de diáconos ordenados con la imposición de las manos,[7] que tienen derecho a vivir del altar donde sirven,[8] y dice que se renovarán y perpetuarán en la iglesia por medio de la legítima sucesión.[9] Las primeras reuniones de la iglesia naciente, asambleas o agapes que llamaban entonces, eran verdaderas fiestas eucarísticas (fractio panis), donde todos recibían el sagrado Cuerpo de nuestro Señor Jesucristo. y no sin alguna solemnidad como dicen los Hechos de los Apóstoles.[10]

---

1 Gigot, *Biblical Lectures,* pag. 169.

2 Cabrol, *The Prayer of the early Christians,* Introd. pag. XXIV. "In the Christian Ritual Christ never is separated from the Father and the Holy Ghost".

3 Hebr. XIII, 10. "Habemus altare de quo edere non habent potestatem qui tabernaculo deserviunt."

4 I Cor. X, 16.

5 Luc. XXII, 19.

6 I Tim. III, 1: "Oportet ergo episcopum irreprehensibilem esse"; Act. XX, 28. "Posuit episcopos (Spiritus Sanctus) regere ecclesiam Dei."

7 II Tim. I, 6: "—gratiam quae est in te per impositionem manuum."

8 I Cor. IX, 13: "Qui in altari deserviunt, cum altari participant."

9 Act. I, 24: "Et annumeratus est cum undecim apostolis."

10 Act. XX, 7: "Una autem sabbati cum convenissemus ad frangendum panem, Paulus disputabat cum eis, profecturus in crastinum, protraxitque sermonem usque in mediam noctem. Erant lampades copiosae in coenaculo, ubi eramus congregati".

De estos actos de religión de la primitiva iglesia muy poco dice el texto bíblico; con todo, aun de eso poco que el Nuevo Testamento refiere podemos deducir que aquellos actos tan sencillos de religión iban gradualmente apareciendo bajo una forma ritual, cada vez más clara y precisa, [1] de modo que, a dicho del ya citado Cabrol, a fines del siglo primero existía ya una liturgia cristiana, cuya descripción más o menos acabada, se halla en la vetusta cuanto famosa colección de leyes morales y disciplinares, llamada "Doctrina de los Doce Apóstoles" entre los latinos, Διδαχή [2] entre los griegos; como también en la Apología del primer filósofo, convertido a la fe cristiana, San Justino.[3] Esta liturgia, empero, con ser y todo la expresión oficial de la fe indómita de un pueblo nuevo, capaz de ir a la muerte por Cristo, cantando el aleluya de la Resurrección,[4] evitaba cuidadosamente la pompa exterior de las ceremonias, y, por ende, también el rito solemne de las procesiones. Las circunstancias pedían gran prudencia, mucha sencillez y moderación en el ejercicio del culto externo, a fin de no avivar más el odio implacable de la turba judaica ni las torpes habladurías del pueblo gentil, que no cesaba de motejar a los fervorosos cristianos con el nombre despectivo de "aves nocturnas" por ver que celebraban éstos sus agapes en viviendas particulares, secretamente y, a veces, a las altas horas de la noche. La divina Providencia que velaba con amor por la felicidad y libertad de su pueblo nuevo escogido, vino luego en auxilio de la reciennacida iglesia, librándola de la servidumbre de la ley mosáica, por medio del emperador Tito que redujo a cenizas la gran fortaleza del judaismo, es decir, el templo de Jerusalén; y más tarde, como luego veremos, librándola de la sanguinaria tiranía del paganismo por medios extraordinarios y, al parecer, sobrenaturales.

---

1 Manachi, *Origenes et Antiquitates*, ed. 1749—Funk, *Manual of Church History*, t. I, pag. 33.

2 *Didaké*, 8 ed. English Trans. by Phil. Schaff, Edinburg, T. and T. Clark, 1885—The Library of the Fathers, pag. 50.

3 S. Just. I, LXV, I. Véase Duchesne, *Orig. du culte chretien.*

4 Cabrol, (o. c.) Introd. pag. XI. "In those early days the Allelluya was sung at funerals, and its suppression is of later date."

CAPITULO VII

LAS PRIMERAS PROCESIONES CRISTIANAS

Artículo I.—Antes de la Paz de la Iglesia

Aunque al final del capítulo quinto dijimos que la entrada triunfante de Cristo en Jerusalén, seguido de los apóstoles y de las turbas que lo aclamaban, podía llamarse la primera de las procesiones cristianas, ello debe entenderse que lo fué, no en sentido formal y propio, sino en sentido material, típico o figurado. El objeto propio de aquélla fué celebrar la Pascua del Cordero, instituída para el pueblo hebreo. Ahora, como en toda procesión cristiana es Cristo directa o indirectamente glorificado o aclamado por el pueblo fiel, y es a la vez representado por los apóstoles o sacerdotes, [1] podemos con algún fundamento afirmar que la procesión de la entrada de Cristo en Jerusalén el día de Ramos o Palmas fué la típica y ejemplar de todas las procesiones cristianas.[2]

Después de la propagación del Evangelio, aunque los cristianos, urgidos por aquella adorable promesa de Cristo, nuestro Bien, "quien me glorificare a Mí en presencia de los hombres, Yo le glorificaré a él en presencia de mi Padre" hubieran deseado manifestar su fe con actos públicos y solemnes, es decir, con gran pompa de cantos y procesiones, por evitar el choque violento del odio pagano, se sumían en los huecos de las catacumbas para allí celebrar sus agapes, cantando salmos e himnos y visitar en procesión las veneradas reliquias de los mártires. [3]

---

1 *Dictionaire Encycl. de Theologie,* t. XIX, pag. 170. "Toute procession a un pretre ou célebrant............cela indique aux laïques que les prètres sont leur pères en Jesuchrist."

2 Gavantus—Merari, *Thesaurus sacrorum rituum* p.I, tit. 19-A. "Las procesiones cristianas traen su origen de la entrada de Cristo en Jerusalén, aclamado por las turbas." (Traducción)

3 Lucius Ferraris. *Prompta Bibbliotheca,* t. IV *Processiones.* (1779, Romae) pag. 515.

Andando los días no solamente en las catacumbas, mas también públicamente los cristianos llevaban en procesión funeraria sus muertos, cubiertos de hierbas odoríferas, y envueltos en una nube de incienso. Este hecho, que parece inexplicable, se explica fácilmente. La reverencia a los muertos, virtud ingénita en todo ser humano, era muy bien vista entre los romanos, cuyos hogares todos dedicaban un altar o ara, a modo de capilla ardiente con el fuego sagrado a la memoria de sus lares o difuntos. [1] Los cristianos, confiando en esta buena creencia de los romanos y, más que todo, inspirados por una devoción ardiente a los cuerpos destrozados de los mártires, que habían sido templos vivos del Espíritu Santo,[2] se atrevían, bien que llenos de zozobra, a rendirles los honores y pompas de una procesión funeraria. [3]

Esta santa costumbre de venerar las sagradas reliquias de los mártires con procesiones formó parte del culto cristiano desde los primeros vagidos de la iglesia. Casi en todas las calamidades solían visitarse los sepulcros de los mártires, yendo el clero y pueblo en procesión, cantando salmos e himnos a la ida, y las letanías a la vuelta, de tal modo que letanía era entonces voz sinónima de procesión. [4]

Y no solamentes los mártires eran venerados con procesiones fúnebres, sino también los simples fieles que morían en la paz del Señor; [5] y tal vez el uso que Tertuliano hace de esta palabra "procesiones" en su libro "De Praescript XLV" se refiere al acompañamiento fúnebre de los fieles honrando a sus difuntos con el canto de salmos e himnos. [6]

Las procesiones, pues, como dice Baronio, se han celebrado en la iglesia desde tiempos muy antiguos. [7] Como cosa cierta pone el Ritual de Benedicto XIV, que ya en el siglo segundo Tertuliano alu-

---

1 Girard Longo, *Manuale Elementare,* pag. 255.

2 Maroto, Inst. t. I, pag. 491. "Officia erga cadavera, quae jam lege naturae dictante, omnibus fere populis cultis sacra fuerunt, christiana fide melius declarata............ex dogmate resurrectionis carnis et ex fidei doctrinis circa dignitatem corporis."

3 Acta Sancti Cypriani apud Romanos.

4 Mabillon, *Commentarium in Ord. Roman.* n. 5, pag. 35.

5 *Constitutiones Apostolicae,* lib. 6, c. 30. "In funeribus mortuorum cum psalmis deducite eos si fuerint fideles."

6 Probs. *Sakramentarien und Ordo,* 205.

7 Baronio. *in notis ad Martyr. Roman. 7 Kalendas Maii; Rota Recent.* p. I, decis. 87, n. 13.

día a la religiosa costumbre que había entonces de hacer procesiones.[1] Si hay estación, el marido dice que tiene que ir a los baños; si es día de ayuno, el marido tiene que ir a un convite; si hay procesión, nunca se ofrece tanto que hacer en la familia como ese día; donde hay que notar las palabras de "statio" y "procedendum", ya que las dos expresan la idea de procesión. En otro lugar se encuentra la frase "processio modesta,"[2] que según algunos entraña la significación de verdadera procesión sagrada.[3] Por fin, Lupus afima que en la antiquísima liturgia atribuida a Santiago se habla de procesiones como de un rito sagrado.[4]

Tales fueron las primeras procesiones cristianas antes del siglo cuarto, celebradas en medio del gentilismo. Muy pocas, y éstas casi siempre funerarias, humildes y aisladas, aun cuando ellas contenían en sí mismas toda la fuerza indómita de una fé pujante y audaz, sumergida y vigorizada en la sangre generosa de millones de mártires, y ansiosa de proclamar ante el cielo y la tierra la excelsa divinidad y gloria sin igual de nuestro señor Jesucristo, el divino Muerto que había resucitado.

Articulo II.—Después de la Paz de la Iglesia.

Esta comenzó con el edicto de Constantino dado en Milán en el año 313, otorgando al cristianismo las mismas libertades, derechos y privilegios que a la religión del Imperio Romano. Tal evento fué como el romper del sol de un nuevo día para toda la Iglesia atribulada.[5] Desde este momento la Iglesia sale de las catacumbas a la plena luz del día a celebrar la victoria de su fe triunfante con la solemne pompa de los ritos sagrados. La luz del cristianismo no la encendió Cristo

---

1 Tertul, lib. 2 ad uxorem, c. 4. "Si statio facienda est, maritus de die condicat ad balneas; si jejuna observanda, maritus eadem die convivum exerceat; si procedendum erit, numquam magis familiae occupatio adveniat.

2 Tertul. "*De Praescript*, c. 43.

3 Pamelio y otros. Véase *Ritual Rom. de Bened.* XIV pag. 153.

4 Lupus, *Opera,* t. XI, pag. 335.

5 Eusebio, Hist. Ecc. X, 8.

sobre la tierra para tenerla oculta debajo del celemín,[1] sino para hacerla fulgurar con perpetuos resplandores ante los ojos de todos los hombres.[2]

La primera manifestación pública y solemne de la Iglesia libre y gloriosa fué solemnizar con grandes fiestas y regocijos el triunfo de la Cruz de Cristo sobre todas las deidades del paganismo;[3] y luego el de los héroes de la Cruz, los gloriosos atletas de la fe, cuyos destrozados miembros constituían el tesoro más precioso de la Iglesia. Con gran pompa de fiestas y procesiones, presididas por los obispos, los restos venerandos de los santos mártires fueron trasladados de las catacumbas, llevados por las calles de Roma, en medio de una muchedumbre inmensa del pueblo que los envolvía en nubes de incienso y vitoreaba con los aleluyas de la resurrección.

Trae la historia como una de las más renombradas procesiones del siglo cuarto, cuando aún vivía Juliano el Apóstata, la del traslado a Dafna de los benditos huesos de San Bábilas, martirizado, según algunos por Decio, y según otros, por Antonino.[4] Ese día, dice Sozomeno, el clero cantaba el Salmo CXIII "In exitu Israel de Aegypto" y a cada verso respondía el pueblo, diciendo: "Confundantur omnes qui adorant sculptilia," confundidos sean todos los que adoran esculturas de ídolos. (Sal. ICVI).[5]

Tan famosa como ésta fué la celebrada por San Ambrosio en Milán para hacer los honores a las venerandas reliquias de los hermanos mártires Gervasio y Protasio, nobles hijos del Cónsul Vital y de Valeria, ambos mártires también, obrando el cielo en aquella ocasión tan memorable muchas maravillas, de las cuales fué testigo San Agustín, antes de recibir el bautismo.[6]

Era tal la devoción de los primeros cristianos a estas venerandas reliquias de los santos que, en todas las tribulaciones de la Iglesia o ca-

---

1 S. Mat. V, 15. "Neque accendunt lucernam et ponunt eam sub modio..."

2 S. Mat. V, 16. "Sic luceat lux vestra coram hominibus ut videant opera vestra bona et glorificent patrem vestrum qui in coelis est."

3 Cantú, *Hist. Univ.* t. IX, pag. 87.

4 Rufino, Hist. Eccles. lib. 10, c. 35; Teodoro, Hist. Eccles. lib. 3, c. 10; San Juan Cris. Sermo I de S. Babyla, Hom. 58.

5 Sozom. Hist. Lib. 5, c. 19.

6 San Ambros. Epist. clas; Epist. 22 ad soror; San Agustín, lib. 9, Conf. c. 7, n. I, y lib. de Civ. Dei c. 8, n. 2. (Véase *La Civilta Cattolica,* año de 1864 t. IX pag. 608.)

lamidades públicas, acudían a millares en procesión a visitar los sepulcros que guardaban tan preciosos tesoros. En 399, siendo Miércoles Santo, se desataron de las nubes tan copiosas lluvias que se temió iban a inundarse los campos y perderse las cosechas. Todo el pueblo de Antioquía juntóse en masa, y con el obispo a la cabeza, dirigióse procesionalmente a los sepulcros de los mártires a implorar por intercesión de éstos la divina clemencia.[1] Y aun dice más la historia: estas procesiones salían a veces a media noche, y otras iban a la iglesia dicha de los Santos Apóstoles a levantar las reliquias de los mártires para sacarlas fuera de la ciudad e ir con ellas a la iglesia dedicada a algún mártir, donde predicaba el obispo.[2]

Esta clase de procesiones se generalizó muy pronto, [3] y opinan algunos que las procesiones, tales como hoy las hacemos, empezaron cuando los obispos, en las fiestas principales, iban a celebrar junto a la tumba de los mártires. [4]

Artículo III.—Las Procesiones Estacionales.

Tal vez sea más conforme con la realidad histórica decir que de las visitas solemnes a las tumbas de los mártires se originaron las procesiones llamadas estacionales,[5] de las cuales ya hicimos mención en el cap. III de este ensayo.

La palabra "estación, statio" ya se usaba en tiempos de Ovidio, "qua positus fueris in statione, mane;" de César, "cohortes ex statione et praesidio emissae;" y de Tito Livio, "ut intentae diurnae stationes ac nocturnae vigiliae essent;" en español tiene significados semejantes, como: paraje, donde la tropa hace alto; partida de gente, apostada o de centinela; o también visitas que se hacen a iglesias o altares, donde está expuesto el Santísimo Sacramento.

---

1 San Juan Cris. *Hom. contra lud. et theat.* pag. 37. *Histoire General des Auteurs sacrés et Ecclesiastiques* par Remy Ceilier.

2 San Juan Cris. Hom. IX "Benedictionem sibi attrahens (processio) atque ad pulchrum illud spirituale commercium ceteros instituebat docebatque ut ex fonte (id est ex reliquiis) haurirent, ex quo semper hauritur et numquam evacuatur......Spiritus gratiae quae in ossibus ac cum sanctis habitat et in alios difunditur qui cum fide illos sequitur.

3 Paulinus Diaconus, *in vita Sanct.* n. 32.

4 *Dictionaire Univ. Eccl.* par Richard et Giraud, t. XVI.

5 Durand, lib. 7. *Rationalis Divinorum Officiorum,* c. I, n. 20.

Los cristianos del siglo cuarto que habían visto la sangre humeante de tantas víctimas de la fe, y las cicatrices, abiertas aún, de los mártires, tal vez, parientes cercanos suyos, y que tenían tan fresca la memoria del divino Mártir del Gólgota, se sirvieron de esta palabra "statio" para indicar el lugar o iglesia, donde los nuevos soldados de Cristo se apostaban para guardar sus vigilias, orando, cantando salmos, ayunando y haciendo penitencia.[1]

Como el soldado romano que estaba de centinela o de vigilia permanecía siempre de pie, así, dice San Ambrosio, los nuevos combatientes del cristianismo permanecían de pie en las iglesias, cuando los miércoles o viernes asistían a los divinos oficios para hacer recuerdo del día en que fué Cristo condenado a muerte, y del día en que fué puesto en un madero. El documento más antiguo, en punto a estaciones, lo hallamos en un texto de Tertuliano.[2] La estación iba generalmente precedida o acompañada de la procesión, la cual se hacía para aliviar el cansancio de los fieles que pasaban largas horas de pie en la iglesia o alrededor de la misma; de ahí nació la costumbre de llamar estaciones a esta clase de procesiones, las cuales, al principio, consistieron en visitar las tumbas de los mártires, donde los fieles se detenían o estacionaban para cantar salmos e himnos y practicar otras devociones, como solían los cristianos hacerlo en semejantes ocasiones.[3] Luego, acaso por la demasiada frecuencia, las visitas a los sepulcros de los santos mártires dejaron de excitar la piedad de los fieles, entonces se introdujo la costumbre (que aun hoy perdura) de visitar las basílicas de más nombre y tradición, sobre todo, en Roma, Constantinopla y Jerusalén.4 En los tiempos de San Gregorio el Magno y aun antes, la procesión estacional se organizaba de la manera siguiente: El Pontífice con el clero y el pueblo se reunían

---

1 San Ambrosio, Sermo XXV. "Jejunia nostra castra sunt ad incursus diaboli expugnandos, stationesque vocantur, ibi enim stantes manemus". La procesión estacional es una de las más devotas y solemnes que hoy día se celebran en Roma. *Illustrazione Vaticana* del 1o. de Abril de 1932 habla de "La processione stazionale alla chiesa di Porta Latina."

2 Tertul. *De Oratione XIV*. "Similiter et stationum diebus non putant plerique; sacrificiorum orationibus interviniendum quod statio solvenda sit accepto corpore Christi."

3 S. Juan Cris. *Oratio contra Iud*. S. Greg. Naz. 10 *Oratio*.

4 Burnichon, *Etudes, CIV* (*Paris*, 1905) pag. 205. Véase *L'Illustrazione Vaticana*, 1 Marzo 1932 (Roma) pag. 217.

en una iglesia (reunión que llamaban collecta o synaxis); allí se revestía el clero, y, luego de revestido, empezaba la ceremonia religiosa de la estación. Abrían la procesión los pobres del hospital, llevando una cruz de madera pintada; luego seguían las siete cruces estacionales con tres cirios cada una, y detrás la muchedumbre del pueblo con los obispos, presbíteros y subdiáconos; finalmente, el Papa (se entiende en las estaciones de Roma) rodeado de diáconos, teniendo delante dos cruces levantadas en alto por un diácono, seguido de la *Schola cantorum.* Ya que la procesión iba andando hacia la iglesia estacional, donde se debía ofrecer la santa misa, se entonaba el *Kyrie, eleison,* y las letanías de los santos. Al entrar el Pontífice en la basílica con todo el clero, empezaba el canto del *Introito;* un subdiácono hacía oscilar un gran incensario, y siete acólitos llevaban gruesos cirios ardiendo, que nos hacen pensar en el origen de los siete que ahora alumbran el altar en la misa pontificial. Las estaciones se anunciaban con una fórmula litúrgica, a saber: *Hodie statio fit ad Sanctum Paulum, cras ad Sanctam Anastasiam.*[2] El rito de las estaciones de que tan copiosamente hablan el Sacramentario Gelasiano y el Gregoriano, hizo muy frecuentes las procesiones, sobre todo las tan renombradas de las letanías.

Artículo IV.—La Procesión de las Letanías.

Casi en todas las estaciones, ora fuesen de rogativas, ora fuesen preludios de las misas solemnes y pontificales, se entonaban las letanías.

Justiniano habla y legisla sobre letanías como rito sagrado muy común en su tiempo. "Si alguno dice, injuria a un obispo o sacerdote cuando celebra los divinos oficios, sea azotado o desterrado.................. pero si perturbare las letanías, que lo pague con la pena de muerte.[3] Y en otra parte: "Prohibimos que se hagan las letanías sin la asis-

---

1 S. Amando, *Ordo,* n. 6—Duchesne, *Christian Worship,* pag. 474.

2 *Ordo Romanus* apud Mabillon, t. II, Mussei Ital. n. 1.

3 Nov. 123, c. 31. "Si quis cum sacra mysteria aut alia sancta mysteria celebrantur, in sanctum ingrediens ecclesiam episcopo aut clericis aut ministris aliis ecclesiae injuriam inferat, jubemus hunc verbera sustinere et in exilium......si vero etiam litaniam concusserit, capitale periculum sustinebit."

tencia de los obispos santísimos o clérigos reverendísimos;"[1] y una constitución de Arcadio y Honorio, dice: "Prohíbase a los herejes celebrar, sea de día, sea de noche, las letanías."[2]

Los comentaristas de las novelas de Justiniano entienden por letanías verdaderas procesiones sagradas. Uno dice: "Justiniano llama *litás* a las letanías, donde prohibe que se hagan sin el obispo y el clero y sin las cruces sagradas que manda él se lleven, cuando se marcha con gran pompa.[3] Y otro: "Las letanías no son sino oraciones públicas o solemnes que desde antiguo se hacían yendo las cruces por delante. Dícense también rogativas y procesiones públicas........ La novela ordena tres cosas, a saber: I - que no se hagan las letanías sin sacerdote; II - que se lleve por delante la cruz y se vuelva a poner en lugar sagrado; y III—que lleven las cruces solamente los que por costumbre recibida suelen llevarlas. Razón: tum ut omnia fiant ordine ac decenter, tum ut religioni major accedat veneratio."[4] Todavía habla con mayor claridad Gothofredo, el más afamado de todos los comentaristas del derecho romano, pues dice que en el lenguaje vulgar en los tiempos de Teodosio, letanía era procesión.[5]

Letanía viene como puede adivinarse por la cita de Justiniano de la voz griega λιτανεία que significa una forma de oración o sú-

---

1 Nov. 123, c. 32. "Omnibus autem laicis interdicimus letanias facere sine sanctissimis episcopis et qui sub eis sunt reverendissimis clericis, qualiter enim est letania in qua sacerdotes non inveniuntur et sollemnes faciunt orationes? Sed etiam honorandas cruces cum quibus in letaniis ingrediuntur, non alibi nisi in veneralibus locis reponi, et siquando opus vocaverit ad letanias celebrandas, tunc solum ipsas accipere eos qui consuete eas portare solent, et cum episcopo et clericis letanias celebrari......"

2 Cod. I, 5, 3, 1. "Ad hoc Interdicatur his omnibus (haereticis) ad letaniam faciendam noctu vel die profanis coire conventibus."

3 Johan Calvin, *Magnum Lexicon Juridicum*, Coloniae, (1759) Justinianus litas appellat (Nov. 123), ubi vetat letanias fieri sine episcopo et clericis et sine sacris crucibus: quas, dum in pompa inceditur, deferri jubet."

4 Cunradi, *Expositio Methodica Novellarum Imperatoris Justiniani, Editio Novissima Florentiae,* (1839), pag. 75. Letaniae nihil aliud sunt quam publicae sive sollemnes orationes quae antiquitus fiebant praelatis crucibus.... Dicuntur etiam rogationes et publici processus......

5 Cod. Th. 16, 5, 30 comentado por Gothofredo Jacobo: "De letaniis res est nota, qua voce primo dictae sunt preces et supplicationes in coetibus publicis, seu in Ecclesia, ut ex hoc lege apparet: Deinde vox ea traducta est ad eas quae vulgo processiones dicuntur (novell. 123 c. 22), postremo ad sollemnes et statas rogationes.

plica responsiva, muy usada entre los judíos, mayormente al cantar los salmos, costumbre muy laudable que hacía más animadas y populares las sacras preces de la liturgia. Al cantar el salmo CXXXV *"Confitemini Domino quoniam bonus.................."*, todos los fieles a una voz respondían: *"Quoniam in aeternum misericordia ejus."*

La iglesia oriental sigue todavía rezando, durante la misa, muchas letanías, y cuando termina la misa de los catecúmenos, el diácono vuelto al pueblo, dice: *Kyrie, eleison, Oremus;* y a cada petición que hace, responde el pueblo entero, diciendo: *Kyrie eleison.* En la misa de rito ambrosiano que, durante la cuaresma, se dice en Milán todos los domingos, en vez de *"Gloria in excelsis Deo"*, se rezan en voz alta las letanías. El Misal de Stowe lleva inserta una letanía entre la epístola y el Evangelio. [1] El Misal Romano conserva la letanía mayor en el oficio que precede a la misa de Sábado Santo, y en todas las misas la repetición del *Kyrie, eleison,* que probablemente [2] fué la forma primitiva y original de la letanía, cuando la devota súplica del Kyrie, eleison, se repetía como dice Mabillón, más de trescientas veces.[3]

La costumbre de celebrar la procesión de las letanías o rogativas que decimos ahora es de fecha muy larga y antigua. Refiere San Basilio que, en los días de Gregorio Taumaturgo, se hacía la procesión de las letanías, aun arrostrando las iras del emperador Decio,[4] y que el emperador Arcadio la prohibió con decreto especial (a los herejes.) [5] San Gregorio de Tours da muchos pormenores de una que se celebró en Roma por los años de 590. Hubo por entonces una inundación tan violenta que lo arrasó todo, pereciendo millares de personas y entre ellas el papa Pelagio II. Otros dicen haber éste sido víctima de una plaga que diezmó terriblemente el pueblo roma-

---

1 Duchesne, *Christian Worship,* pag. 199.

2 Serarius, *Litaneutici seu de litaniis libelli duo,* Cologne, (1609).

3 *Dictionaire Encyc. de la Theologie Cathol.* t. XIX, pag. 174.

4 Niceforo, Lib. XIV, c. 3. Dice este historiador que Teodosio el Joven, 408, para calmar las tempestades hizo celebrar la procesión de las letanías. "Ipse imperator medius himnis praeit habitu privato incedens"; S. Bas. Epist. 62 ad Neoc.

5 Cod. Theod. lib. 30 *de haereticis,* Véase Justiniano, Cod. I, 5, 3. 1 (ya antes citado).

no. Gregorio el Magno, sucesor de Pelagio, para invocar la divina clemencia sobre Roma, ordenó que salieran siete procesiones, cada una de iglesia diferente, cantando por las calles las letanías, yéndose todas a reunir en la basílica de Santa María la Mayor.[1] Esta se ha llamado siempre la procesión *septiforme* de las letanías.

Algunos aseguran que estas procesiones vienen del tiempo de Liberio, pero no aducen prueba alguna. El hecho históricamente cierto es que, en 469, San Mamerto obispo de Viena, Austria, con ocasión de haber caido un rayo sobre el palacio real, y de otras calamidades que afligían al reino, de acuerdo con las autoridades civiles mandó hacer con gran solemnidad la procesión de las letanías, los tres días que preceden a la fiesta de la Ascensión. Imitaron a este santo obispo otros muchos, de modo que, en 511, el primer concilio de Orleans prescribía la procesión de las letanías para toda la Galia en las vísperas de la Ascensión, hasta que al fin, como dice Avito, se celebró en toda la Iglesia.[2]

Pero no en todas partes se celebraba la procesión de las letanías al mismo tiempo. En Milán, la semana después de la Ascensión; en España, la semana después de Pentecostes;[3] otras letanías, se decían con procesión, el primero de Noviembre;[4] otras, en Diciembre.[5] En Alemania hasta el siglo noveno, dice un concilio, no fueron introducidas.[6]

---

1 Heinrich Kellner, *Heortogy*, pag. 192 n. 2. *Litanies Transl. by a priest* of Westminster (Ed. London, 1908), *The International Library*, vol. XIV, pag. 101.

2 Avitus, *Hom. de Rogat.*—Migne. *Patrolog. Lat.* LIX, pag. 389; Greg. de Tours, *Hist. de France*, 2. 34.

3 Conc. de Gerona, c. 2. (517)

4 Ibidem, c. 3.

5 Conc. IV de Toledo, c. 2. (638)

6 Conc. de Mainz, c. 33, (638)

CAPITULO VIII.

APOGEO DE LAS PROCESIONES

Artículo I.—Hasta el Siglo Quinto.

Pasadas las primeras impresiones del nuevo estado de cosas, mediante la paz de Constantino, y rendidos los homenajes debidos a la santa memoria de los mártires, los fieles volvieron los ojos hacia el Rey de todos los mártires, cuya gloriosa resurrección celebraban el primer día de la semana (prima sabbati) es decir, todos los domingos; no solo haciendo perpetua conmemoración de la última cena con el santo sacrificio de la misa y la sagrada comunión, sino también con públicas procesiones, cantando himnos y salmos, [1] y a veces saliendo a recibir "occurrere" con toda pompa al celebrante que iba a consagrar y distribuir el pan eucarístico (fractio panis). Como el pan de la Eucaristía se distribuía en todas partes, o donde quiera se reunía un grupo de cristianos con un obispo, de ahí resultó que también las procesiones se iban celebrando en todas partes. La de Pascua fué desde el principio, una de las más brillantes de la cristiandad. Por orden de Constantino toda la ciudad de la Antigua Bizancio fué iluminada la víspera de la Resurrección con tal profusión de luces que Eusebio llamó aquella noche de pascua más clara que el sol, [2] y San Gregorio dice que fué una imitación de la celeste malicia, y, además, una participación de la luz divina y eterna. [3] San Basilio afirma que, en 375, las procesiones eran de uso general,[4] y San Ambrosio habla en 388 profusamente de la procesión que los monjes hacían en honor de los Santos Macabeos;[2] en 398 San Porfirio, obispo de Ga-

[1] V de Ruperto, *De Divinis Officiis* lib. 4.
[2] Eusebio lib. 4 c. 22. "Ut illa mystica pernoctatio clarior ipsa solis luce redderetur."
[3] S. Greg. Naz. *Oratio* 42.
[4] San Bas., *Epist.* 307 *ad Neoc.*
[5] S. Ambros. *Epist.*, 40 *ad Theodosium.*

za, reunió más de dos mil cristianos en una iglesia para orar y hacer penitencia, y al amanecer del día siguiente, salieron en procesión cantando himnos por las calles, marchando hacia la iglesia edificada por el obispo de Asclepa;[1] y ocho años antes que el obispo de Gaza, San Juan Crisóstomo había solemnizado una que es muy nombrada en la historia. Esta fué contra los arrianos, al aire libre del campo, llevando cruces muy altas, en cuyos extremos fulguraban grandes antorchas, iluminando en las tinieblas de la noche la marcha grave y solemne de una muchedumbre inmensa que atronaba los espacios con el estruendo clamoroso de sus plegarias, en desagravio de las blasfemias proferidas por los herejes arrianos contra la divinidad de nuestro Señor Jesucristo.[2]

Artículo II.—Hasta el Siglo Doce.

En 426 dice San Agustín de una procesión donde el obispo iba precedido y acompañado de las turbas, él ocupando el centro, como buen pastor de su grey.[3] En 496 después del bautismo de Clodoveo y de los próceres del reino, San Remigio celebró con procesión tan grande acontecimiento, marchando la ilustre comitiva por las calles de la venerable ciudad ricamente alfombradas, y añade San Greg. de Tours que Dios comunicó tantas gracias a los que presenciaron el bautismo de Clodoveo que muchos se forjaron la ilusión de percibir las fragancias del paraiso.[4] En 519 ya la cruz presidía las procesiones, dice Baronio; y en 555, Pelagio I dirigió una procesión desde la iglesia de San Pancracio a la de San Pedro. En 601 son dignas de notar las procesiones de los monjes benedictinos alrededor de los claustros esparciendo agua bendita por todas las viviendas.[5] En el siglo VIII la historia hace mención especial de las procesiones de los convulsonarios en Luxemburgo durante la fiesta de San Vitor; las de San Telmo y la Tramontana en España.[6] Durante el siglo IX fueron

1 Marco Diácono, *Vita S. Porfirii.*
2 Socrates, Hist. Eccles. VI, 31.. "Cras. decía el Crisostomo, una vobiscum proficiscar ad supplicationem" (processionem)
3 S. Agust. *De Civ. Dei*, lib. XXII, c. 8.
4 S. Greg. de Tours, lib. 2, c. 31.
5 Baluz. *Vida de San Esteban*, t. IV, *Miscellan.* pag. 94. "Diebus dominicis tam ipse (S. Esteban) quam fratres.... missarum celebrationi assistebant et agentes processiones per claustra."
6 Pela y Forjas, *Hist. del Ampurdán-Diccionario Univ. de Espasa.*

célebres la procesión de los penitentes a la tumba de San Huberto, obispo tungrense,[1] y la solemnizada por Eneas, obispo de París en honor de San Mauro Abad.[2]

Los siglos X y XI se distinguen por la gran solemnidad con que se celebraron las procesiones dominicales antes de la misa parroquial, rito que se encuentra ya prescrito en las capitulares de Carlomagno y en otros documentos del siglo IX. "Bendiga, dice el Conc. de Nantes, todo sacerdote, antes de la misa parroquial, agua en un recipiente limpio y digno del misterio que se va a celebrar, y rocíese con ella el pueblo cuando entra en la iglesia, y vaya con las cruces procesionales alrededor del atrio, y rece por los fieles difuntos allí sepultados".[3] En los monasterios, siguiendo la tradición benedictina del siglo VII, esta procesión revestía mayor solemnidad.

Articulo III.—Hasta el Siglo Catorce.

San Bernardo que vivió en el XII habla con mucha elocuencia del modo como se celebraban las procesiones;[4] y en el mismo siglo, es decir, en el año 1180 se intima a los monjes de San Albino la obligación de recibir al obispo, en ciertas ocasiones, procesionalmente.[5]

Y viene el siglo XIII, el de las grandes empresas del cristianismo y también el de las grandes manifestaciones de la fe cristiana. En 1212 Inocencio III hace en Roma solemnes rogativas con gran pompa de procesiones con el fin de obtener el triunfo de las armas de Alfonso VIII, rey de Castilla contra Moamed-ben-Yacub (El Miramamolin que dicen los Españoles) el cual se había hecho fuerte en las Navas de Tolosa, y luego de alcanzada la victoria hace celebrar otra, aún más imponente, en acción de gracias por el triunfo de la Cruz;[6]

---

1 *Benedictini,* p. I, pag. 298—Lagrange, *Glossarium,* IV, pag. 873. "Sacerdotes.... multa plebe sexus utriusque comitantes certis diebus ad monasterium nudis pedibus et jejunantes cum crucibus atque oblationibus convenerant."

2 Brolio, *Supplem. Antiquit.,* (Paris). "Precessiones denique annuatim in Quadragesima, 4a. scilicet feria post domin. quae Passionis praetitulatur.... confessori Mauro exhibuimus......"

3 Mansi, *Conc..,* XVIII, pag. 173 (2) Martene, *De Antiquit. eccl. rit.* IV,46

4 Bern. Mon., *In Ordin. Clun.* p. I, c. 3.

5 *Ex Tabula S. Albini,* "Episcopum processionaliter recipient monachi S. Albini. (Mathews, Paris).

6 Inocencio III, 15, Epist. 179; Mariana, *Hist. de España,* t. 88, 180

y en 1213 manda solemnizar otras semejantes, implorando el auxilio del cielo a favor de los cruzados que marchan a la conquista de tierra santa. [1]

Honorio III, como su ilustre predecesor Inoc. III, hace en 1217 con gran magnificencia de procesiones las públicas rogativas del pueblo romano, y exhorta a todos los obispos del mundo a que hagan lo mismo, orando por el triunfo de los cruzados, acaudillados por Andrés, rey de Hungría, y con Leopoldo, duque de Austria; y en 1219 toda Roma se viste de gala, y con grandes fiestas y procesiones, da gracias al Dios de las batallas por la resonante victoria de las armas cristianas en Damieta.[2]

Otras muchas procesiones se celebraron en este siglo y en el siguiente, las cuales se multiplicaron tanto que todo lo eran menos oración o súplica del pueblo fiel, todo menos alabanza de Dios y canto religioso de las muchedumbres. Unas veces por demasiado vulgares, y otras por demasiado fastuosas y dramáticas, las procesiones llegaron a ser parodias de los santos misterios o vanas exhibiciones de glorias nacionales.

1 Inoc. III, lib. 16, Epist. 18.
2 Honorio III, t. 2, Epist. 739.

CAPITULO IX

PROCESIONES SEUDOCRISTIANAS

Artículo I.—Procesiones Extraxagantes.

En el siglo XIV estuvieron en boga las fiestas y procesiones, cuyo solo nombre declara la baja calidad de las mismas, por ejemplo: *Festum fatuorum, stultorum, hypodiaconorum,* y aun, *festum assinorum.*

Los enemigos de la Iglesia han exagerado mucho el lado grotesco y aun blasfemo de fiestas tan extrañas, habidas en la edad media, y algunos piadosos católicos, más piadosos que historiadores y críticos, han negado rotundamente la existencia de tales abusos. La verdad histórica es que se cometieron abusos, aunque no en el grado que ponderan la heregía y la impiedad; y también lo es que, hechas algunas salvedades, la autoridad eclesiástica reprobó y condenó las extravagancias de semejantes fiestas y procesiones.[1] La historia recuerda las fulminantes condenaciones de prelados como el obispo de Lincoln, Inglaterra, Robert Gossetest, del siglo XIII, el cual por sus circulares tan agresivas contra los abusos de la liturgia en los monasterios, el cronista Mathews de Paris le llamó *monachorum persecutor.*[2] Pero las reminiscencias de antiguas fiestas paganas, como las saturnales, conservaban aún tan vivas raíces en las costumbres populares que, las autoridades eclesiásticas, para evitar mayores males, toleraban algunas fiestas y procesiones que ahora nos parecen sacrílegas y escandalosas. Solo así puede explicarse (que no justificarse) que Pedro Corbeille, arzobispo de Siena, Francia, compusiera un oficio para la fiesta de los Locos, y que el obispo Guillermo de Macon, muerto en 1308 legara al capítulo catedralicio parte de sus ornamentos sagrados a fin de que se usaran en tan vergonzosa fiesta. [3]

---

1 Dreves, *Stimmen aus Maria-Laach,* XLVII, 572.

2 *Monumenta Franciscana,* Rolls Series, ed. Brewer (1858)

3 *Federico Bernard, Biblotheque de Marveilles.*—Les Fetes Celèbres Histoire de l'Academie d'Inscript, t. XXXI, Processions."

Además, parece inconcebible que en Rouen y en Beauvais se permitiera la famosa procesión y misa del asno, en medio de una algazara de gente, entregada a la alegría mundanal más desenfrenada. Algunos para suavizar, en parte, el relato histórico, dicen del asno que no era de carne viva, sino de materia inánime, es decir, de madera; pero vivo o de bulto no se puede negar que el recio cuadrúpedo entraba procesionalmente en la catedral y que, puesto de cara al pueblo francés, y a la derecha del altar mayor constituía el figurón principal de la misa cantada. Otrosí no podemos entender cómo en una función tan sagrada, en vez de responder "amen" y "et cum spiritu tuo" fuera de rúbrica tener que contestar imitando el "hinham" del vocifeerante y estulto animal. Luego de cantado el intróito se entonaba la primera estanza de la secuencia asinina que era de rúbrica también y decía así:

Orientis partibus	Hez, Sire Asnes, car chantez,
Adventavit assinus,	Belle bouche, rechignez,
Pulcher et fortissimus,	Vous aurez du foin assez,
Sarcinis addictissimus.	Et de l'avoine à plantez [1]

Para terminar la misa había otra rúbrica que rezaba así: "In fine missae sacerdos versus ad populum vice" "Ite, missa est," "ter hinhannabit; populus vero vice" "Deo gratias" ter respondit: Hinham, hinham, hinham..............." Baste este ejemplo de procesiones falsamente dichas cristianas para convencernos de la necesidad de una autoridad que vele por la dignidad y religiosidad de las procesiones sagradas y refrene el espíritu ciego y veleidoso del pueblo ignaro.

Artículo II.—Procesiones Nacionales.

A medida que las costumbres se iban puliendo y refinando, iba también decayendo este género de procesiones que eran mitad jocosas y mitad ridículas, bien que manteniendo en todo su vigor la forma dra-

1 Federic Bernard, o. c. Others say and more rightly "aptissimus" instead of addictissimus. Catholic Encyc. vol. I, pag. 799, trae la traducción inglesa de la secuencia. Dice: "From the Eastern lands the Ass is come, beautiful and very brave, well fitted for the burden or to bear burdens. Up! Sir, Ass, and sing, open your pretty mouth. Hay will be yours in plenty, and oats in abundance."

mática y ornamental de las histórico-religiosas y nacionales. Traeremos el ejemplo de una de ellas celebrada en Lovaina el año de 1490 con el objeto de conmemorar una victoria obtenida contra los normandos el año de 895.

Formaban la procesión 79 grupos históricos. A la cabeza de todos iba la doncella de Lovaina (la Pucelle de Lovain) sentada como reina de la fiesta sobre una carroza rodeada de diez damas de honor que simbolizaban los diez antiguos "metiers, regidores" de la gran ciudad histórica; las damas eran escoltadas por una cabalgada que lucía todas las galas y colores de la juventud belga. Luego marchaban en perfecta formación, ostentando cada uno el oro de sus insignias y la elegancia de sus uniformes, 27 grupos de "metiers" obedeciendo las órdenes de sus jefes y capitanes. En medio de dos grandes hileras de nobles y distinguidos caballeros aparecía la carroza de San Miguel, triunfador de Luzbel, y Adán y Eva entre los rosales del Edén; acompañaban esta carroza las 34 mujeres más célebres del Antiguo Testamento, cada una de ellas escoltadas por un grupo de damas, ataviadas todas como princesas y brillando con los resplandores de la más rica pedrería; las cuales no eran más que simples mensajeras de la mujer por excelencia, figurada en el Antiguo Testamento, es decir, la Virgen María, la cual descollaba sobre una carroza triunfal a la sombra de un árbol muy frondoso, es decir, el árbol o raiz de Jesé, que dice la Biblia. Haciendo los honores a la Virgen venían otros grupos que representaban el misterio de la Anunciación y del Nacimiento del Niño Dios en Belén, de la Epifanía con los Reyes Magos montados sobre camellos elegantemente enjaezados; y el de la Resurrección, Ascensión y Asunción, resplandeciendo todo aquel cuadro de figuras y misterios con las niveas y luengas túnicas de varios coros de ángeles.

Daban los últimos toques de grandeza dramática a todas aquellas brillantes agrupaciones históricas otras diez de sacerdotes de ambos cleros, secular y regular con sus hábitos y ornamentos sagrados, que custodiaban la sagrada Eucaristía; después un grupo de 16 jóvenes con la imagen de la Virgen María, por cuya intercesión creían todos se había ganado la batalla contra los normandos.

Bandas de música, el profesorado de la Universidad de gran gala, y, finalmente, grandes grupos de militares que representaban personajes históricos de la tan famosa victoria cerraban todo aquel cuadro viviente, animado con el soplo de un amor ardiente a la religión y a la patria.[1]

Es claro que no todas las procesiones de aquella época revestían una forma tan dramática y pintoresca. Las había también de carácter puramente religioso. Tales fueron las procesiones dichas "teoféricas" en que se llevaba como objeto primario de adoración y de alabanza la divina Eucaristia, con gran pompa y ostentación de símbolos religiosos, por las calles y plazas de pueblos y ciudades.

---

1 Federic Bernard, o. c.

CAPITULO X.

PROCESIONES EUCARISTICAS.

Estas procesiones son las más sagradas y litúrgicas, pero no las más antiguas. No podían serlo. La Iglesia que siempre vela con amor por la gloria de tan alto Sacramento seguía, al principio, la norma del proverbio bíblico que dice: "Sacramentum regis abscondere bonum est"[1] Ella guardaba con celosa vigilancia el secreto de la santa Eucaristía contra las miradas curiosas, y, a veces inicuas de los judíos y paganos, y a menudo también contra las indiscreciones de los catecúmenos y las cobardías de los lapsos.

La razón de guardar tanto secreto era que los infieles y judíos habían oido con horror (durus est hic sermo) de los cristianos apóstatas que éstos en sus agapes nocturnos habían comido la carne y bebido la sangre del Hijo del Hombre. Al oir semejantes historias, los infieles se valían de todos los medios para descubrir qué carne o qué sangre podría ser aquélla, velada con tanto secreto. De ahí nacieron las sospechas, las acusaciones y aun las persecuciones más cruentas contra los cristianos. Los judíos hicieron correr entre el populacho que los cristianos se alimentaban de carne humana, con lo que éstos eran tenidos por monstruos de maldad, cuyos crímenes irritaban a los dioses del Imperio. Entre tanto, la calumnia cundía entre el vulgo incrédulo y perdido que no cesaba de inventar nuevas fábulas y mentiras, diciendo que los cristianos se comían la carne de sus propios hijos, entregándose a las orgías inhumanas de Tieste, *thyesteis epulis.* [2]

Tan infames denuncias excitaron más y más la insana curiosidad de

---

[1] Tobías, XII, 7.

[2] *Balbuena Reformado, Diccionario Latino Español.* "Tieste, hijo de Pélope y de Hipodamia, nieto de Tántalo, a quien su hermano Atreo dió a comer sus propios hijos, en venganza del adulterio cometido con su mujer."

los paganos por saber de sus ritos y agapes eucarísticos. Hasta el mismo Emperador Numeriano quiso un día, llevado de la curiosidad de ver el rito o ceremonia de la fracción del pan, entrar en la iglesia patriarcal de Antioquía, pero San Bábilas, jerarca de aquella iglesia prefirió sellar con su sangre la reverencia debida a tan soberano Sacramento, antes que permitir la entrada de un profano e indigno, aunque fuera emperador.

El acólito y mártir San Tarsicio, como San Bábilas, se dejó hacer pedazos antes que exponer las adorables formas sacramentales a las miradas inmundas de un grupo de romanos y judíos.[1] Así se explica que los obispos ofrecieran el santo sacrificio y dieran la sagrada comunión "janüis clausis", y que los escritores solo de una manera velada hablaran de la Eucaristía. Tanto los latinos como los griegos usaban de una contraseña para darse a entender, al hablar del agape eucarístico. Los griegos decían: "norunt initiati", y los latinos: "norunt fideles."

Con todo, en aquellas reuniones tan ocultas y silenciosas tuvieron su origen y fundamento las procesiones del Santísimo, ya que de estas asambleas eucarísticas salían los diáconos para llevar (delatio) la sagrada forma a los ausentes, enfermos, perseguidos, condenados a muerte por su fe etc. etc. Dionisio da cuenta de un hecho semejante a Fabio, patriarca de Antioquía sobre un enfermo llamado Serapión. [2]

Además de esta secreta delación, acto de llevar la forma sacramental privada y secretamente, San Irineo habla de una muy solemne en una carta al papa San Victor[3], y el Conc. de Laodicea dice que ya la Hostia consagrada se trasladaba a otras parroquias "cum honore" costumbre que el papa Melquiades introdujo en la Iglesia occidental. Luego siguió la procesión a puertas cerradas, y solo en presencia de los "perfectos" o "consistentes;" y más tarde como dice el 4o. Conc. de Praga se llevaba la Eucaristía al aire libre, pública y solemnemente; y ésta fué la práctica general hasta que se instituyó la Fiesta de Corpus Christi por el papa Urbano IV en 1266, [4] con el fin de borrar

1 Rom. Martyr. 15 de Agosto "Tarsitium Acolytum cum pagani invenissent Corporis Christi sacramentum portantem coeperunt disquirere quid gereret. At ille indignum judicans porcis prodere margaritas, tamdiu ah illis mactatus est fustibus et lapidibus donec exhalaret spiritum."

2 Euseb. ob. de Cesar., Hist. Eccles. lib. 6, c. 36. "Presbyter modo vexatus accedere ad cum non poterat. Puero exiguam quamdam partem Eucharistiae dedit praecipiens, ut eam madefactam in os senis infunderet.

3 S. Irineo, ob. de Lion.

4 Rit. Rom. Benedict. XIV, t. II, pag. 209.

los últimos vestigios de la heregía de Berengario y de los albigenses tan difundidos en las Galias.

Algunos quieren ver en las palabras tan encarecidas de Urbano en la institución de la fiesta de Corpus Christi un mandato implícito de la procesión del Santísimo, ya que en aquella época no había fiesta solemne sin procesión; pero otros son de parecer que la procesión de Corpus fué impuesta en el pontificado de Juan XXII.[1] Desde esta época las procesiones del Santísimo comenzaron a celebrarse en todas partes, no solo en la fiesta de Corpus, sino en otras festividades, y con la mayor pompa y solemnidad en ciertas ciudades de Europa. En Brindis, el Arzobispo llevaba la dorada custodia montado sobre un caballo blanco, siendo palafreneros el Gobernador y el asesor regio de la ciudad. Seis canónigos sostenían sobre el Arzobispo un alto canopé, mientras los acólitos incensaban continuamente, cada uno con un precioso incesario.[2] Pero las grandes procesiones del Santísimo ocurrieron en el siglo XVI y siguientes.

Es muy memorable en la historia la solemnizada en Ratisbona el año de 1530 con asistencia del emperador Cárlos V, muchos príncipes, y los próceres de su reino, los grandes de España y Bélgica junto con Fernando, rey de Baviera en desagravio a Cristo por las blasfemias de los luteranos contra la adorable Eucaristía;[3] y lo mismo la mandada celebrar en París por Francisco I, para contrarrestar los estragos de la heregía zuingliana, con asistencia de la reina de Francia Leonora, y de los príncipes y grandes del reino, ejemplo que siguieron después los reyes de Francia hasta Luis XIV,[4] y el rey pío por excelencia, Don Felipe II asistía todos los años con toda la corte de España a la procesión de Corpus Christi con la cabeza descubierta y llevando siempre una antorcha en sus reales manos.[5] Esta fué la costumbre

---

1 Rit. Rom. Benedict. XIV, t. II, pag. 209.

2 Angel Rocca, *Comment. de Sacrosancto Christi Corpore,* p. I. ult.

3 Campius, *Hist. Cremon.* lib II "Prosequebatur Augustus augustissimum Sacramentum processionaliter delatum, cumque sol radiis acutis caput ejus verberaret, adfuit familiaris, qui umbrellam explicando et elevando, caput imperatoris a nimio aestu defendere studeret." Dice la historia que el Emperador rehusó valerse de la sombrilla.

4 Sarnello, *Epist. Eccl.* t. IV, y Epist. XXVI, núm. 4.

5 Sarnello, Epist. XVIII y Rit. Rom. Bened. XIV, t. II, pag. 220. "Cum rogatus ut caput tegeret, respondit: Hodie sol non urit."

general de todos los reyes y príncipes cristianos, especialmente en los siglos XVI y XVII, costumbre muy santa y venerable que el Conc. de Trento aprobó y confirmó con el supremo fallo de la Iglesia.[1]

[1] Conc. de Trento, sess. 13, can. 15. "Si quis dixerit in sancto Eucharistiae Sacramento Christum unigenitum Dei Filium non esse cultu latriae etiam externo adorandum, atque adeo nec peculiari celebritate venerandum neque in processionibus secundum laudabilem et universalem ecclesiae ritum et consuetudinem, sollemniter circumgestandum vel non publice, ut adoretur populo proponendum, et ejus adoratores esse idolatras, anathema sit."

CAPITULO XI

PROCESIONES ESPECIALES

Según el can. 1290 § 2 las procesiones pueden ser Ordinarias y Extraordinarias. Las primeras se hacen el día fijo y señalado en la liturgia, o según la costumbre de las iglesias particulares. Las segundas son las que no tienen lugar fijo en la liturgia y se hacen cuando alguna causa pública las requiere, y la autoridad eclesiástica las ordena.

De las Ordinarias la más excelente de todas es la de Corpus Christi, de la que hemos hablado en el capítulo precedente. Aquí diremos de las demás y primero de la Candelaria.

Esta es antiquísima; aunque diga Niceforo [1] que empezó en el siglo VI, el décimo quinto año del imperio de Justiniano, parece más probable la opinión de Martene que la hace venir del siglo IV.[2] Otros, como el Card. Baronio, dicen que esta procesión data del pontificado de Gelasio I, el cual instituyó esta procesión para hacer olvidar al pueblo las famosas fiestas y procesiones Lupercales en que se ofrecían dones expiatorios (februa) a Saturno y se encendían innumerables luces para iluminar la ciudad de Roma. [3] Confírmase esta opinión por un sermón de San Ildenfonso, arzobispo de Toledo, predicado en 667. [4]

Otra de las procesiones ordinarias es la del Domingo de Ramos o Palmas, que también se llama de Hosana, de la Indulgencia, de Lázaro o de las Flores. La ceremonia de llevar la palma en la procesión data del siglo IV y empezó en Jerusalén. En el siglo VI hace mención de la fiesta San Isidoro de Sevilla, y en el VII se encuentra en

---

[1] Niceforo, Hist. lib. 17, c. 28.—Rit. Rom. Benedct. XIV (l. c.)
[2] Martene, *De Antiquit. eccles. disciplinae in divinis celebrandis*, c. 15.
[3] Tomassini, *"De dierum festorum celebratione"* c. 11.
[4] Tomassini, o. c

muchos libros litúrgicos. La bendición de las palmas parece ser de una época más reciente. [1] De las otras dos ordinarias, la de Corpus y la de Rogativas o Letanías hemos hablado ya en otra parte de este ensayo.

Las procesiones extraordinarias no tienen número. Las procesiones con ocasión del Año Santo (aunque no son propiamente litúrgicas ni canónicas) [2] las que se hacen al recibir al nuevo Obispo en las diócesis o con motivo de algún grande acontecimiento como la Paz de Letrán (que llenó de regocijo a todo el mundo católico), [3] son verdaderamente extraordinarias.

Y con esto damos fin a la primera parte de este ensayo. Lo escrito dista mucho de ser la historia de las procesiones. De la historia de las procesiones se podrían escribir muchos volúmenes. Ello es únicamente un ligero bosquejo de los hechos más salientes, y a la vez más indispensables para asentar la base histórica de la legislación canónica sobre procesiones, objeto primario de este estudio.

---

1 Callevaart, *Collat. Brug.*, 12 (1908) pag. 200; *Civiltà Cattolica*, II, (1906) pag. 150; Antoñana, *Man.*, t. II, pag. 870.

2 Com. p. Relig. X (1929) pag. 101.

3 AAS. vol. XXI (1929) pag. 641.

PARTE II

LEGISLACION CANONICA.

CAPITULO XII

LEGISLACION SOBRE PROCESIONES

Leyendo la historia documentada de la legislación sobre procesiones sagradas, hallamos haber una verdadera mole de leyes, dadas por las Congregaciones romanas. De dichas leyes vamos a mentar aquí una mínima parte, que vano intento sería quererlas hacer caber en las breves planas de un ligero estudio como éste.

¿Porqué tantas leyes? La importancia de las procesiones, la necesidad de evitar y corregir abusos en las mismas, piden mucha vigilancia y muchas leyes.

Artículo I.—Importancia de las Procesiones.

La historia misma de las procesiones celebradas en todos los tiempos y por todos los pueblos civilizados de la tierra prueba su importancia. La Iglesia, intérprete de las antiguas tradiciones y de las revelaciones de ambos Testamentos las adoptó desde los comienzos del cristianismo, y luego las reguló y consagró con leyes y ritos especiales, como es de verse en el Ritual Romano, Ceremonial de los Obispos, Misal, Memorial de Ritos, y en infinidad de resoluciones dadas, en diferentes tiempos y lugares, por la autoridad eclesiástica. El código dedica a las procesiones sagradas todo el título décimo séptimo y otros muchos cánones.

Las procesiones, dice el Rit. Rom. de Paulo V, contienen grandes y divinos misterios, y los fieles que piadosamente asisten a ellas logran, por la gracia de Dios, abundantes y saludables frutos de piedad cristiana, y es deber del párroco hacerlo saber a los fieles en el tiempo que él juzgare más oportuno. [1]

---

[1] *Rituale Romanum Pauli V et a Benedct. XIV auctum.* Augustae Taurinorum, (1874) pag. 274. "Continent enim (processiones) magna et divina mysteria, et salutares Christianae pietatis fructus eas pie exequentes a Deo consequuntur, de quibus fideles praemonere et erudire, quo tempore, magis opportunum fuerit, parochorum officium est."

La importancia de las procesiones sagradas está: a) en su esencia, ya que ellas son *sollemnes supplicationes,* quae *a populo fideli, duce clero,* fiunt.........; b) en el fin a que ellas se enderezan "ad excitandam fidelium pietatem.......... ad auxilium divinum implorandum; [1] y c) en la saludable eficacia de las mismas para mantener vivo el fuego de la devoción y elevar el espíritu religioso del pueblo cristiano.

Las procesiones sagradas, además, fomentan la piedad y amor mutuo entre el clero y entre los fieles, como dice la S. C. por la Iglesia Oriental. [2] Produce tan hermosos resultados la procesión sagrada por ser ésta la oración pública de la muchedumbre que habla a Dios con el lenguaje clamoroso del canto y la música, con los colores de las banderas y las figuras de las imágenes, todo animado con el sonido viviente de los sagrados bronces, adorándole a El como a Señor omnipotente, de quien todo el universo depende, quien todo lo dispone y ordena o permite. Al ponerse en marcha la procesión, las campanas anuncian el paso del gran Rey que se mueve entre la muchedumbre, ora bajo los velos eucarísticos de una Hostia consagrada, ora simbolizado en una cruz alzada, seguido de un ejército de fieles que cantan, o su fe libre y triunfante, o su fe perseguida y atribulada.[3]

Finalmente, la procesión sagrada, dice el Card. Gasparri,[4] es la victoria de la fe contra el respeto humano, una valiente profesión de fe y de piedad cristiana a la faz de un mundo todo escéptico y materialista. Las procesiones ayudan a aumentar el esplendor de las funciones litúrgicas y el fervor de los fieles cristianos. A ellas concurre el pueblo fiel de toda edad, sexo y condición de vida, con un solo corazón y una sola alma, como al nacer de la Iglesia solían hacerlo aquellos santos mártires al celebrar sus agapes, "perseverantes una-

---

1 C. 1290 § 1.

2 *S. C. pro Ecclesia Orientali,* 19 de Mayo de 1929.—AAS, XXII (1930) pag. 137. "Demum, ut, una cum pietate etiam signis externis ac religiosis mutua foveatur necessitudo inter clerum monachorum et clerum latini ritus, atque fideles ejusdem pagi, jus datur monachis sacras processiones per vias publicas (peragendi)...."

3 Gaume, *Catechisme de Perseverance,* t. 7, pag. 247.

4 Card. Gasparri, *Carta del* 15 *de Junio de* 1926 *al Presidente general de la Juventud Católica.*—Monitore, vol. 38 (1926) pag. 243.

nimiter in oratione".[1] Ahora bien, como toda la eficacia de estos buenos ejemplos se frusta por obra de flaqueza, ignorancia o maldad humanas, por esta razón la santa Iglesia pone todos sus desvelos en prevenir, corregir y castigar los abusos que en las procesiones sagradas puedan introducirse.

Artículo II.—Abusos en las Procesiones

La historia de los abusos en las procesiones es una historia tan triste como larga. Apuntaremos en este lugar, y con brevísimas palabras, alguno que otro hecho no más, entresacado de causas judiciales, llevadas a Roma.

Caso típico de celo abusivo por tener la primacia en las procesiones fué el de las parroquias Morano-Calabro que estuvo alimentando el fuego de la discordia por espacio de dos cientos veinte años. En 1666 la S. C. C. logró apaciguar los ánimos, pero en 1734 tornó a encenderse la tea de las disensiones, la cual, fuera de algunos cortos intervalos, y, a pesar de muchos decretos de las Congregaciones romanas, no llegó a apagarse del todo hasta el año de 1889.[2]

Las Cofradías de la Inmaculada y de San Bernardino en Francavilla, Italia, se disputaron el honor de la precedencia en las procesiones sagradas cerca de sesenta y cuatro años.[3] En Martina-Franca, Tarento, llegó a tal grado de efervescencia la pasión de los humildes cofrades por ocupar el lugar más distinguido en las procesiones que se temieron serios disturbios populares si la decisión final de la Curia romana no fuera favorable a la cofradía contendiente.[4]

Los abusos de las cofradías y sus eternas contiendas por el honor de la precedencia en las procesiones ya venían de muy antiguo. Francisco I rey de Francia llevaba tan pesadamente ese género de disputas entre gente pía que llegó a suprimir todas las cofradías y las procesiones que ellas hacían; y en España por el mismo motivo se prohibieron todas las cofradías que no tuvieran la aprobación del obispo y el refrendo del rey.[5]

---

1 Actas, c. I, 14.
2 ASS. vol. XXIII. (1889-90) pag. 341.
3 ASS. vol. XXVIII. (1895-96) pag. 239.
4 AAS. vol. XIV. (1922) pag. 397.
5 *Código Español,* Ley 6a. tit. 2o. lib. 1 de la Novísima Recopilación.

Vencen a las cofradías en ruido y escándalo las Ordenes Terceras de Santo Domingo y de San Francisco en Tasano, Italia. Hubo entre ellas disputas sin fin, amenazas de muerte, vejaciones contra el Obispo, perturbando la tranquilidad pública de tal modo que se hizo necesaria la intervención de la fuerza del Estado civil. El Prefecto de la Provincia de Bari escribía al Síndico de Tasano en estos términos: "Yo autorizo la procesión de la Tercera Orden de Santo Domingo, mañana llegará el delegado con la fuerza pública, tomad las medidas necesarias para el caso." Y así sucesivamente.[1]

Por decir algo de Cabildos diremos aquí del de Baruli que vivió, por siglos, en perpetua contienda por ir antes que otros en las procesiones hasta que en 1888 la S. C. C. dió el golpe final a tan escandalosas disputas, prohibiendo hablar más de ello.[2] Ya era tiempo de poner fin a un barrullo semejante que había comenzado en el siglo doce con las controversias del Papa Inocencio II y el antipapa Anacleto de triste recordación. Otro "fode parietem" y terminamos el relato de los abusos.

El hecho sucedió en Andria, Italia, en 1732. El Obispo tuvo a bien ir a presidir la procesión que hacían los Dominicos el día de la Octava de Corpus. El Obispo no invitó al Cabildo a que le acompañara. Consideró aquel venerable Cabildo ser ello un ultraje a sus derechos, y, puesto a deliberar, decidió de plano salir a la procesión con sus hábitos canonicales, y ocupar en la procesión el sitio de precedencia que le correspondía. A puñetazos y empujones los canónigos se abrieron paso entre los Dominicos para ocupar el lugar más distinguido, es decir, el inmediato al Obispo el cual llevaba la Custodia. Hubo altercados, violencias, escándalos, gritos, contienda callejera tan irreverente y sacrílega que el Obispo oficiante hubo de huir, y refugiarse en una iglesia vecina. Entonces para agravar más la situación y exacerbar más los ánimos ya irritados, tres reverendos capitulares mandaron tocar las campanas a rebato; el pueblo todo se amotinó y, empujado por los canónigos, precipitóse en montón contra el palacio episcopal para profanarlo y saquearlo. Visto aquel oleaje de iras populares, el Gobernador de la Provincia convocó a la milicia, corrió

1 Causa *Monopolitana*, 23 de Feb. de 1895.—*Analecta Eccl.* (1895) pag. 309.
2 S. C. C. (1888).—ASS, XXI, (1888) pag. 106. "In posterum servandum esse jus commune, imposito perpetuo silentio, facto verbo cum Sanctissimo."

a salvar la vida del Prelado, a quien, por cautela, encerró en una fortaleza, mientras hacía las aprehenciones de los más culpables.

La S. C. de Obispos y Regulares el 8 de feb. de 1732, después de anatematizar tan vergonzosos hechos, castigó a los culpables de la manera más ejemplar y justiciera, dijo:

I. Se expondrá el Santísimo por diez días, sufragando el Cabildo todos los gastos.

II. Los canónigos pagarán la multa de diez escudos cada uno, que el Obispo usará a su arbitrio.

III. Los canónigos harán la visita al Santísimo por turno.

IV. Con los dineros de los culpables se ofrecerá a los Padres Dominicos una lámpara de plata para el altar mayor de su iglesia.

V. Todo el Cabildo en pleno y después cada uno de los canónigos individualmente visitarán al Obispo para pedirle perdón, y lo mismo harán públicamente en la primera misa pontifical.

VI. El arcipreste Pincerna y el presbítero Carlos A. Scesa, maestro de ceremonias, sufrirán la pena de diez años de cárcel: el presb. Leonardo Caprara, tres, y el Primicerio Terza, cinco...... E interpretando la mente de la S. C. de Ob. y Reg. el Card. Gotti hizo esculpir en la lámpara expiatoria de la iglesia de los Dominicos una inscripción de recuerdo imperecedero.[1]

Artículo III.—Vigilancia de la Iglesia en las Procesiones.

La vigilancia que la Iglesia de Dios ejerció en tiempos pasados por el orden y decoro de las procesiones, la ejerce todavía ahora en nuestros días.

"Procuren, dice el Ritual de Paulo V, mayormente los sacerdotes

1 *Analecta Juris Pontificii* (1875) pag. 59.. "Sumptibus reorùm Capituli Cathedralis Andrien in reparatione divini et episcopalis honoris sacrilege laesi, cum hac inscriptione construi et perpetuo ardere jussit Sacra Congregatio Episcoporum et Regularium 8 Februarii an. 1732."

y demás del clero ir en las procesiones con aquella modestia y reverencia que a tales actos del culto divino se debe. Vayan todos con hábito decente, con sobrepelliz u otros vestidos sagrados, con gravedad, modestia y devoción, de dos en dos, orando de tal modo que no den lugar a risas ni parlerías, antes bien con su buen ejemplo provoquen a los demás a orar pía y devotamente.[1]

Por el año de 1910 decía el benignísimo Papa Pío X estas memorables palabras: "Sería de desear que entre los hijos de San Francisco nunca se contendiera por ocupar el lugar primero sino el último. Ahora, el hombre enemigo (inimicus homo) bajo apariencia de bien, y so pretexto de celo por el decoro de cada Familia Franciscana, ha suscitado muchísimas controversias entre las Familias del humildísimo y mansísimo Padre, San Francisco. De donde han surgido innumerables contiendas, que la Iglesia ha tenido que cortar, alegando cada familia, *opportune et importune*, contra la familia litigante las victorias alcanzadas en litigios antiguos. Y ni aun en nuestros días han cesado de contender, pues hace ya cuatro años empezaron dos de estas familias a litigar por el derecho de precedencia en las procesiones y otras funciones sagradas........"

Después de tan hermosa introducción el Pontífice Romano traza, para evitar más contiendas en lo futuro, normas de precedencia entre las Familias Franciscanas, normas que en parte han sido incorporadas en el Código vigente.[2]

---

1 Rit. Rom. Pauli V (ut supra citatum) videant in primis sacerdotes aliique Ecclesiastici ordines, ut in iis processionibus ea modestia ac reverentia tum ab ipsis, tum ab aliis adhibeatur quae piis et religiosis hujusmodi actionibus maxime debetur. Omnes decenti habitu, superpelliceis, vel aliis sacris vestibus induti, graviter, modeste ac devote bini suo loco procedentes, sacris precibus sint intenti ut remoto risu, mutuoque colloquo....populum etiam ad pie, devoteque precandum invitent."

2 Pio X, *Motu Proprio,* 15 de agosto de 1910.—*Monitore,* XXII (1910) pag. 392. "Optandum igitur esset, ut inter Francisci filios numquam de primo loco esset contentio, sed unice de postremo; sed inimicus homo, sub specie boni, sub inani praetextu celi decoris propriae sodalitatis, controversias plurimas inter tres Familias Minoristicas humillimi et mitissimi patris suscitavit, quae innumeras crearunt lites, per S. Sedem diremptas. in quibus unaquaeque Familia eas victorias, quas anteactis litibus reportaverat contra aliam partem litigantem, opportune et importune allegare consuevit. Nec hodiernis temporibus cessarunt contentiones hujusmodit: nam a quator annis denuo disputare coeperunt inter se duae primae Familiae....de jure praecedentiae in processionibus." Son también muy de notar las palabras de Pio X citadas por AAS vol. V (1913) 147.

En 1928 celebróse en Apulia un Concilio Plenario. Pío XI nombró, para presidirlo, al Card. Donato Sbarretti, con una carta donde le decía: "Entre otras cosas que bajo tu presidencia se tratarán relativas a la disciplina sagrada, a la preservación de la juventud, rodeada de tantos peligros, y el fomento de la piedad cristiana en el pueblo, esto señaladamente has de procurar, no solo que se extirpen del todo ciertos abusos introducidos en las procesiones sagradas y cofradías, sino también..................." y sigue el Pontífice señalando los puntos fundamentales que deberán dilucidarse en el Concilio.[1]

La mente del R. Pontífice era que el Concilio Plenario velara por el decoro y dignidad de las procesiones sagradas. Bien fuera que todo el clero, siguiendo el ejemplo del Papa Pio XI, instruyera y preparara debidamente al pueblo antes de celebrar una procesión religiosa.

---

1 Carta de Pio XI al Card. Sbarretti, 10 de Enero de 1928.—AAS vol. XX, (1928) pag. 227.

CAPITULO XIII.

PREPARACION DEL PUEBLO PARA LAS PROCESIONES

Cuando Durand decía de las condiciones que se requerían para hacer las procesiones fructuosas, ponía la inteligencia e instrucción del pueblo como la primera de todas,[1] y, nosotros podemos añadir como la segunda la buena formación y organización de las procesiones.

Artículo I.—Instrucción del Pueblo.

Para que los fieles saquen de las procesiones fruto más abundante, dice el Concilio de Praga, amonestamos a los pastores de almas que expongan al pueblo con gran esmero el motivo e importancia de cada procesión, preparen con tiempo todas las cosas necesarias para el buen orden y decoro de este acto religioso, enseñen las preces e himnos más convenientes para la procesión, y, finalmente, al dirigir las preces, den buen ejemplo de piedad y devoción.[2]

Las Constituciones Sinodales de la Provincia Toscana precisan y amplían mucho más este punto. A fin de celebrar, dicen ellas, las procesiones con la devoción y disciplina que conviene, decretamos y mandamos que se cumpla a la letra lo que sigue: El pueblo debe saber: a) el fin porqué se hace la procesión; b) qué misterio o fiesta se conmemora; c) qué ventajas le trae a uno celebrar como se debe aquel acto de religión; d) que celebrar las procesiones sin afecto de

---

[1] Durand, *Ration.* div. offic. lib. IV, c. VI.

[2] Conc. Pragense, (1866).—Acta et Decreta Recent. vol. V, (1879) pag. 478 y sig...." Animarum pastores autem in Domino exhortantur ut fidelibus, quo uberiorem inde frcutum acquirant, rationem et momentum singularum processionum solerter exponant, omnia ad ordinem ac decorum religiosi hujus obsequii necessaria opportune praeparent, preces et himnos processioni congruos ipsi determinent, et proprio tandem, sacris precibus intenti, devotionis exemplo praeluceant."

piedad y devoción, en vez de atraer la bendición del cielo, atrae la indignación divina; e) que celebrar la procesión como se debe, es glorificar a Dios y hacer que otros le glorifiquen; y, por lo tanto, que todos deben asistir puntualmente a la misma y ocupar el lugar que se les señale.

Y hablando del porte exterior de los fieles en la procesión las Constituciones dichas ordenan lo siguiente: El pueblo debe ir decentemente vestido, con gravedad y dignidad en el andar, con recogimiento y modestia, cantando con fervor los himnos ya preparados y rezando las preces indicadas, al tiempo debido y sin estorbar a los demás, de modo que todos formen parte activa en ese acto del culto divino tan público y solemne.[1]

Artículo II.—Formación de la Procesión.

En las Catedrales e iglesias de ciudades populosas, donde suele haber mucho clero y asociaciones canónicamente establecidas, fácilmente se organizan verdaderas procesiones en armonía con la disciplina vigente del Código; pero ¿cómo se formarán en iglesias o parroquias de pueblos pequeños, donde apenas hay un sacerdote, con poca gente, y ninguna asociación canónica? Se responde que en ellas pueden organizarse, sino tan fastuosamente, sí tan canónica y religiosamente como en las grandes catedrales.

Toda procesión, sea de iglesia pequeña o grande, puede y debe ser ordenada, evitar contiendas, abusos y cuanto desdiga de la santidad y pureza del culto divino o que desedifique a los fieles y demás semejantes; pero no toda procesión puede y debe conformarse con todas las leyes disciplinares sobre las procesiones sagradas, porque no siempre dichas leyes pueden cumplirse. Además, si en el modo de organizar una procesión en ciertas iglesias o porroquias existe alguna cos-

---

1 *Constitutiones Synodales Ecclesiae Tusculanae,* Romae (1784) pag. 108. Veánse también: *Acta et Decreta,* vol. I, pag. 763 y 173, donde son dignas de leerse las normas tan sabias dictadas para el buen orden y dignidad de las procesiones sagradas, como también las reglas contenidas en las Constituciones del Sínodo napolitano. Cierto que las Constituciones sinodales no son obligatorias fuera de la jurisdicción diocesana en que se dieron, pero pueden servir como puntos de orientación para celebrar las procesiones, y como enseñanzas muy luminosas para la instrucción del pueblo.

tumbre legítima y razonable, en conflicto con alguna ley disciplinar vigente, ésta debe ceder el lugar a la costumbre, lo cual es muy canónico.[1] El can. 1290 § 2 dice que procesiones ordinarias son las que se hacen en días fijos del año conforme a las normas de los libros litúrgicos y de las costumbres de las iglesias; y el can. 1291 § 1 añade que, a no ser que otra cosa exijan una costumbre inmemorial o las circunstancias de los lugares, a juicio del Obispo, sólo habrá una procesión en Corpus Christi.[2]

Siguiendo, pues, las costumbres locales, (se entienden siempre las costumbres conforme a los cánones) aun el sacerdote del pueblo más humilde puede organizar y formar una procesión sagrada, muy devota, muy canónica y aun relativamente lucida.

Preparado ya el pueblo, como dijimos, la víspera de la fiesta se anuncia de nuevo la procesión con un repique de campanas, a fin de que todo el mundo se aliste para la gran solemnidad. Como ya el sacerdote sabe más o menos el número de individuos y sociedades que han de asistir a la procesión, es bien que trace de antemano el programa de la misma, indicando la vía que ésta debe recorrer, el orden que se ha de guardar, el lugar donde deben ir las cruces, imágenes, banderas o estandartes, bandas de música, cantores y todo lo demás. Sobre todo ayuda mucho para el orden, la división de la procesión en secciones, por ejemplo, de niños, jóvenes, adultos, mujeres, sociedades canónicas y no canónicas etc. etc., y luego nombrar para cada sección una persona grave y discreta que la dirija y mueva en armonía con las demás, y para toda la procesión nombrar a uno que vele por el orden y buen andar de todas las secciones.

La mayor dificultad nace de la guarda de la ley de precedencia. Esta dificultad se desvanece si consideramos que "el orden de precedencia es a menudo regulado por la costumbre, la cual debe observarse, cuando no se opone a las normas del Derecho común ni a los estatutos diocesanos."[3]

Si ocurre que hay patronos fundadores de la iglesia, a estos no se les niege el privilegio que tienen de preceder a todos los simples fieles

---

1 Cc. 25 y 26, § 1.—ASS vol. V, (1869) pag. 400. "In processionibus tamen publicis consuetis consuetudines sunt servandae."

2 Monitore. vol. 41, (1929) pag. 59.

3 Decret. 4188,—Antoñana, Man. II, pag. 221.

en las procesiones,[1] lo mismo si asisten las autoridades civiles, las cuales si por disposición canónica[2] deben ocupar lugar distinguido en las funciones, razón será que se las distinga también en las procesiones. Es costumbre general que las autoridades o magistrados civiles vayan detrás del sacerdote oficiante que preside la procesión, o detrás de las dignidades eclesiásticas que siguen al celebrante.

Si hubiere cofradías, Ordenes Terceras, sociedades del Santísimo, comunidades religiosas, guárdese el orden establecido en el Código. Generalmente hablando, en pueblos pequeños no hay ninguna de estas unidades canónicas, y entonces sí entra de lleno la costumbre como intérprete buenísima y dictadora del orden de precedencia que se debe guardar.

La costumbre general de las iglesias de escaso número de fieles sin asociaciones canónicas ni comunidades religiosas etc. etc., es formar la procesión del modo que sigue: En hileras abiertas (para dar más vista o apariencia de grande a la procesión) o de dos en dos, como ponen los libros litúrgicos, primero van los niños, sean de colegios o no, de ambos sexos, vestidos de uniforme, si se puede, luego siguen los jóvenes, y los hombres adultos, después las mujeres de todas edades precedidas de una estatua o imagen de la Virgen o de algún Santo, y, finalmente, las asociaciones piadosas o cofradías, como Hijas de María u otras. O bien, a veces a los niños y niñas siguen las jóvenes seguidas de las mujeres adultas, y luego los jóvenes y hombres adultos, guardando como es de suponer la separación de sexos, según el can. 1262 § 1 que dice: Optandum ut, congruentur antiquae disciplinae, mulieres in ecclesia separatae sint a viris", cuánto más en las procesiones donde no se exige tanto recato. Estas costumbres pueden seguirse sobre todo cuando el Prelado las permite.[4]

1 Can. 1445-3.
2 Can. 1263 § 1.

CAPITULO XIV

EL PODER CIVIL Y LAS PROCESIONES

Como las procesiones generalmente hablando, se hacen fuera del recinto de la iglesia, es decir, por la vía pública, cuyo uso cae bajo las reglamentaciones del poder civil, conviene sean estudiadas desde este punto de vista, a fin de evitar conflictos con las autoridades del Estado.

Artículo I.—Principios Generales.

La Iglesia, aunque tolera, dice Cappello, el hecho de la separación del Estado, nunca renuncia a la libertad del culto religioso, sea público, sea privado.[1] La Procesión sagrada es culto público, ya que se hace en nombre de la Iglesia, por personas deputadas oficialmente para ello, con actos y ritos instituidos por la Iglesia, a fin de honrar a Dios y a los Santos.[2]

La Iglesia tiene derecho, independientemente del Estado, a rendir a Dios y a los Santos el culto que se les debe, porque siendo ella sociedad, *in suo genere*, perfecta, tiene derecho a emplear los medios que le parecieren más convenientes para conseguir el fin para que ella fue constituida, la santificación de los fieles, y el logro de la vida eterna. Ahora, como uno de los medios más idoneos para fomentar el culto público (que toda sociedad humana como tal está obligada a tributar a Dios) son las procesiones sagradas, de ahí que la Iglesia tenga derecho, por su misma institución, a celebrar procesiones públicas independientemente del poder civil.[3]

La Iglesia siempre ha reclamado y defendido este derecho como ex-

---

[1] Prof. Felice M. Cappello, *Chiesa e Stato* (1910) pag. 739.
[2] Coronata, *Inst. Juris Canonici,* vol. I, uag. 150.
[3] Cavagnis, *Instit. Juris Publici Eccles.* t. III, lib. IV, nn. 234 y sig.

clusivo y privado de su misión sobre la tierra. En 1653 el Gobernador de Milán invade la jurisdicción eclesiástica, dando un edicto sobre fiestas y procesiones, y el Papa Inocencio X incontinenti abroga el edicto.

Benedicto XIV en su Encíclica "Quemadmodum" 23 de Marzo 1743 reivindica para la Iglesia el derecho exclusivo de ordenar preces públicas; y con razón, pues, como dice Mamachi, el derecho a las cosas sagradas no es propio de autoridades laicas,[1] y, como dice el Código, "los ministros en el ejercicio del culto unicamente deben depender de las autoridades eclesiásticas".[2]

Por lo tanto, comete el poder civil verdadero abuso de autoridad cuando se arroga a sí mismo el derecho de impedir las procesiones.[3] La función del poder civil verdaderamente culto y democrático debe ser no impedir ni perturbar el ejercicio del derecho de nadie, sino más bien proteger y amparar el derecho de todos, y señaladamente, el de instituciones milenarias como la Iglesia católica cuyo fin es, aun temporalmente, de alta cultura social.[4]

Artículo II.— Abusos del Poder Civil.

Los hechos dicen que los poderes civiles, generalmente hablando, parece viven mancomunados para impedir el libre ejercicio de los derechos de la Iglesia. Sin revolver lo pasado, pongamos los ojos en lo presente. El espectáculo que una turba de leguleyos, tocados de ateismo o rábido fanatismo de secta ofrece al mundo ante los esplendores de cultura e inteligencia de las naciones más civilizadas, es sencillamente repugnante y nauseabundo. Y, ¿cual es el motivo de tanta ferocidad y bravúra contra la libertad de la Iglesia de Cristo? Uno

---

1 Fr. Thomas M. Mamachi, O. P. *"Origenes et Antiquitates Christianae."*

2 Can. 1260 "Ecclesiae ministri in culto exercendo unice a Superioribus ecclesiasticis dependere debent.

3 Bayón, C. M. E., *Illustración del Clero,* vol. XXV, pag. 748.

4 L'Abbé P. Sifflet (1913) pag. 482. Véase Rit. Rom. Benedict. XIV, (Catalani) t. II, pag. 154, n. XX; y *Benziger Brothers, The Great Encyclical Letters of Pope Leo XIII.* "All who rule should hold in honor the holy name of God, and one of their duties must be to favor religion, to protect it to shield it under the credit and sanction of the laws, and neither to organize nor enact any measure that may compromise its safety. (Immortale Dei).

solo. Ellos arrastran el sable, y la Iglesia no.[1] Ellos mismos se acusan de inconsecuentes. "La Nazione", diario ultra liberal de esos que Civiltà llama "vigliacchi" vellacos, decía en Junio de 1883: "A nuestro parecer si el gobierno y el país tuvieran inteligencia clara de eso que llaman libertad, y sintieran el deber de respetarla y de hacerla respetar, así como se permiten las procesiones patrióticas, deberían permitirse las religiosas, y permitiéndolas, garantizar la tranquila ejecución de las mismas. O si no, vedarlas todas y no tolerar ninguna." Si ese poco fulgor de sentido común iluminara a la turba de pequeños nerones que vociferan contra la Iglesia, ya nos daríamos por satisfechos; pero no, el sentido común es el menos común de los sentidos entre esa taifa de sectarios que viven de la inconsecuencia y de la concupiscencia.[2]

Actualmente los gobiernos civiles verdaderamente democráticos que son genuinos representantes de su nación permiten las procesiones y aun las protegen.[3] Los que no son representantes de la nación, sino de un grupo de sectarios que tienen la fuerza, a veces las toleran por conveniencia política, otras las prohiben llevados de un fanatismo troglodita, o bajo el vano y estúpido pretexto de guardar el orden público. Por ejemplo, en Francia, en materia de ceremonia exterior del culto, del Viático etc. etc., el poder civil no vacila en anular sentencias municipales cuando, en caso de recurso o apelación, de la instrucción tomada no resulta haber motivo fundado en la necesidad de guardar el orden en la vía pública. Pero cuando se trata de procesiones, no ha lugar recurso alguno o apelación, porque en materia de

---

[1] *Civiltà Cattolica*, t. III, (1865) pag. 748. "Se si tratta di processioni dietro una bandiere tricolore, urlando a squarciagola abbaso quà, morte lâ, è chiaro che il Governo non ha diritto d'impedire l'esercizio della libertà e de lasciar ciascuno gridare quanto gli piace. Ma se si tratta di caminare compostamente dietro una croce od in Golfalone della Vergine SS., recitando piamente le Letanie o cantando salmi, l'ordine puó pericolare, ed il Governo anziche pighiarsi l'impicio di far rispettare da quatro empii birboni la santità del culto cattolico, trova piú spedito prohibere le processioni. Stolti quanto vigliacchi! Giusto o ingiusto, ho la forza in mano. Ecco tutto."

[2] Civiltà, t. III, Serie 12, (1883) pag. 755.

[3] *El Gobierno de Constantinopla,* turco y mahometano como es, no solo no impide la procesión de *Corpus* que allí hacen los católicos todos los años, antes envía sus tropas como escolta de honor, y garantía de orden.

procesiones todo edicto municipal, si guarda las formas legales, se presume justo. *¡La gran bobería!*[1]

Regla práctica. Aunque es bien sepamos nuestros derechos, debemos, con todo, ejercerlos con discreción conforme a la sentencia de San Pablo que dice: "Todo eso me es lícito, pero no todo es conveniente se haga."[2] La prudencia exige que pidamos anticipadamente permiso o demos aviso a la autoridad civil, cuando queramos celebrar nuestras acostumbradas procesiones del culto católico.[3] Buscar la armonía con las autoridades civiles da siempre mejores resultados que pleitear con ellas.

---

1 *L'Ami du Clergé,* vol. I, (1910) pag. 72

2 I Cor. VI, 12 "Omnia mihi licent, sed non omnia expediunt.

3 *Ilustración del Clero,* vol. XXV (1931) pag. 301.

CAPITULO XV

LEGISLADORES DE LAS PROFESIONES

Siendo las procesiones sagradas de derecho público, pues no son ellas sino una forma exterior del culto público y solemne, únicamente al Sumo Pontífice y a los Obispos toca instituirlas, legislar sobre las mismas, aprobarlas o moderarlas.

Artículo I.—Sumo Pontífice.

Es prerrogativa exclusiva del Sumo Pontífice el legislar sobre la liturgia en general y, por ende, sobre el culto público[1], pero, *de hecho*, la Santa Sede, para evitar contiendas y escándalos, ha otorgado a los Obispos, en punto a procesiones, poderes casi ilimitados. En materia de preeminencias, procesiones y otras funciones eclesiásticas, dice el C. de Trento, todo se deja al juicio del Obispo.[2] Por eso en la común jurisprudencia de la Iglesia, los canonistas siguen como norma segura judicial que el Obispo puede proceder en este asunto, cuando él lo juzgue necesario, *brevi manu, summarie et de plano ac sine strepitu et figura judicii.*[3]

La Santa Sede reservándose las procesiones fijas en el Misal o Ritual, todas las demás, ya se mire a la institución, ya a la celebración

---

1 Can. 1257. "Unius Apostolicae Sedis est tum sacram ordinare liturgiam, tum liturgicos approbare libros."

2 C. de Trento, sess. 25 de regular. c. 13. Véase Barbosa, de pot. Episc., p. 3, alleg. 79, n. 6; y la S. C. de la Rota, in decis. 85 n.9 p. 5 recent.

3 S. C. C. *in Thesaduro Fori Eccles.* p. 1, c. 8, n. 18; *Campana,* in diversorio Juris Can. rub. 12, c. 13, n. 120—Ferraris, t. 6 pag. 86.

de las mismas, las pone bajo la autoridad del Obispo,[1] cuyo es determinar los que están obligados a asistir, aun urgiendo con penas,[2] como la excomunión[3] a los que, no siendo exceptuados, rehusaren obedecer.[4]

Artículo II.—Poderes de los Obispos.

Si la Santa Sede dispensa a estos religiosos de asistir a las procesiones claro se ve que el Obispo no puede obligarlos. Con todo debe advertirse que dicho privilegio de no asistir a las procesiones se ha de recibir directamente, no por comunicación general de privilegios, pues ello podría hacer que las procesiones sagradas se vieran del todo vacías de religiosos, contra la mente expresa de C. de Trento.[5] El privilegio de la bula de Pio V, *Et si mendicantium* que eximía a los colegios de estudios de asistir a las procesiones fué revocado por la Bula de Greg. XIII, *In Tanta.*[6]

---

1 S. C. de Ritos, 14 de Enero de 1617, n. 581; 14 de Mayo de 1672; 22 de Nov. de 1681.... "Cura enim rerum spiritualium et regimen ecclesiarum ad Episcopum primario spectat, et insuper ad generales (processiones) requiritur super omnes ecclesiasticos qui ad publicas processiones convenire debent universalis potestas et jurisdictio quae in solo episcopo residet. Véase Barbosa, *ad Conc. Trid. de Potestate Episc.*

2 Urbano VIII, *Mandatum* (1628) "Auditis (consultoribus) unanimiter censuerunt posse Episcopos poenis sibi visis compellere quoscumque regulares (entiéndase del clero secular también, Pallotini, vol. XXV, .*Process.* n. 30) recusantes, etiamsi monachos et quomodolibet exemptos ad infrascriptas processiones accedere, atque illis interesse, exceptis dumtaxat in strictiori clausura viventium, et Monasteriis ultra medium milliare a civitate distantibus...... (Pignatelli, t. I, Cons. Can. CXXVI) AAS. vol. II, (1910) pag. 515.

3 Son exceptuados: Los Clérigos de San Pablo el Degollado (Sixto V). Const. *Rationi;* los Jesuitas (Greg. XIII Const. *Quaecumque*); los Monjes de la Congregación casinense (10 de Junio de 1602); los Monjes Olivetanos (S. C. de Ritos apud Joan. Novar); los Trinitarios, cuyo monasterio esté inmediatamente sujeto a la Santa Sede (S. C. C. 13 de Ag. de 1579); los Escolapios (Urbano VIII, Const. *Debitum*); los Jerónimos, C. C. *apud Joan. Novac.*) y los Carmelitas Descalzos, (Clemente VIII Const. *Religiosorum.—Ferraris Processiones.* También son privilegiados los Teatinos y Cartujos Camaldulenses. Estos privilegios deben haber sido confirmados después del C. Trid. S. C. de Ritos 28 de Sept. de 1658. Decret. 1096.

4 La razón de este aparente rigor la da ASS, vol. V, (1869) pag. 429. "Decet ut processiones publicae quas fieri contingat, majore sollemnitate quoad possit agantur.

5 S. C. de la Rota, *in Meliten. Proessionum,* 24 de Enero de 1758.

6 S. C. de la Rota, *in Meliten.* 14 de Feb. de 1759.

Fuera de los exceptuados por privilegio directo pontificio, el Obispo puede obligar a todos a formar parte activa en las procesiones. El, como juez y superior diocesano,[1] lo es también en todo lo que se refiere a procesiones. Y así puede moderar el ejercicio de cualquier derecho a celebrar procesiones, aun de aquellas procesiones que puedan hacerse sin su licencia[2] y obligar a todo el clero a asistir a las procesiones jubilares o para ganar el jubileo.[3]

Además, puede permitir que se hagan las procesiones de Viernes Santo por la noche,[4] lo mismo que prohibir las procesiones acostumbradas sin que obste costumbre alguna contraria,[5] como también obligar a las parroquias a hacer las procesiones ordinarias públicas, *si ita expedire in Domino judicaverit*,[6] y autorizar todas las procesiones o prohirbirlas(menos las prescritas en el Misal o Ritual) cuya celebración, sin embargo, debe vigilar.[7] Por fin, puede él ordenar hacer procesiones (por causa pública),[8] obligar al clero a formar parte en la procesión celebrada con ocasión de su primera entrada en la diócesis[9] y exigir que ninguna procesión de las acostumbradas[10] o de las extraordinarias se verifique sin él aprobarla.[11]

Articulo III.—Deberes de los Obispos.

Con ser y todo tan amplios los poderes del Obispo en orden a las procesiones, tienen, sin embargo, su límite. No puede el Obispo obli-

---

1 Card. di Luca, *Miscellan. Ecclesiae,* Disc. 15, n. 7. "Dioecesanus est primus parochus, seu parochus parochorum necnon tamquam judex et superior."

2 ASS vol. XXII, (1889-90) pag. 341.

3 Analecta Eccl. vol. IX (1901) pag. 35. El procurador de los Agustinos para desobligarse de ir a esta procesión, alegó ante la C. de Ritos que el Obispo no podía hacer obligatoria una procesión que, por disposición pontificia. era facultativa. La S. C. de Ritos contestó en 1902: Si el Obispo obliga a los Regulares *"non può per editto, mai benzi medio nuntio personaliter."*

4 S. C. de Ritos, *in causa Ind.* 20 de Jul. de 1600

5 S. C. de Ritos, n. 346—Ferraris, o. c.

6 Quarti, *De Process.*, sect. III, p. I.

7 D'Herdt, *Sacrae liturgiae praxis,* p. VI, *de Process. n.* 314—ASS vol. XXVIII (1895) pag. 239.

8 Santamaria, *Comentarios al Código Canónico, p. IV, pag.* D. "Non admittitur, ex can. 1290 § 2, processio ad finem aliquem privatum, nisi bonum privatae personae in bonum publicum redundet."

9 S. C. C, 11 de Jul. de 1750. Véase Coronata, o. c.

10 S. C. de Ritos, *in Hispalen,* 3 de Sept. de 1695.

11 S. C. C, 13 de Jul. de 1636.

gar a los clérigos sin oficio ni beneficio a asistir a las procesiones, a no ser que hubiere costumbre contraria,[1] si bien el can. 1291 § 1 dice, respecto de la de Corpus Christi que todos los clérigos *"clerici omnes"*[2] deben ir a ellas. Ni puede obligar a los regulares a asistir a la procesión que suele hacerse al visitar el Prelado la diócesis[3] ya que esta procesión es por causa privada,[4] ni negarse de ordinario licencia cuando se la pidan, para hacer alguna procesión,[5] y antes de celebrar una procesión extraordinaria debe oir el parecer del cabildo catedralicio.[6] Debe ejercer una especial vigilancia para evitar escándalos y contiendas en las procesiones. Si hubiere de hacer dos procesiones en un mismo día, a él incumbe determinar cuál ha de salir antes y cuál ha de salir después, y señalar la hora de la salida y el itinerario. Y en caso de duda decida *quid expediat in Domino.* A una serie de preguntas que el Obispo de Parma dirigió a la Santa Sede para saber la manera de evitar y corregir abusos en las procesiones sagradas, la S. C. de Ritos en Mayo de 1857 respondió en globo: "Ad mentem". Y la mente de la S. C. de Ritos es que los Obispos velen por la observancia de las rúbricas y de los cánones, y siempre que se pueda hacer buenamente, es decir, sin causar mala impresión o escándalo, quiten todo abuso contrario al espíritu de las procesiones.[7] Y la actual disciplina de la Iglesia no solo no ha disminuido la autoridad de los Obispos en este punto, sino al contrario la ha

1 S. C. C. 6 de Mayo de 1597—*Analecta Eccles.* (1866) pag. 1918.

2 S. Goyeneche, C. M. F. *Cursus Institutionum*, Tit. XVII, n. 89, not. 3 dice que debe entenderse clerici adscripti ex collatione cum can. 1294 §2.

3 S. C. C., 9 de Dic. 1666—Ferraris, *Process.* n. 17.

4 Coronata, o. c.

5 S. C. de Ob. y Reg. 11 de Mayo de 1696.

6 Reiffenstuel, ad titulum. "De iis quae fiunt a praelatis, nn. 8. 25 y 26" dice que en este punto hay que ver únicamente la costumbre. Vermeersch, t. II, 619 afirma que el consejo del Cabildo se requiere para el efecto de obligar a todos a asistir a las procesiones. Pero el can. 1292 sencillamente dice: Ordinarius loci, audito Capitulo cathedrali, potest ex publica causa extraordinarias processiones indicere, quibus sicut et ordinariis et consuetis, ii omnes interesse debent de quibus in can. 1291, § 1.

7 ASS vol. III, (1867) pag. 574; *Ephemerides Lit.* vol. XLIII (1929) pag. 73. "Archiepiscopi autem seu Episcopi non possunt esse judices ad declaranda dubia super sacris ritibus et caeremoniis exorta; (S. R. C. 11 jun. 1605,, n. 179 ad 1) sed ad normam can. 5. Cod. Juridici tolerare possunt aliquas consuetudines juri liturgico contrarias, si pro locorum ac personarum adjunctis existiment eas prudenter submoveri non posse (S.R.C. 22 jun. 1874).

aumentado y vigorizado más y más. Son de notar las áureas palabras del Pontífice Pio X, refiriéndose a las contiendas surgidas entre las Familias Franciscanas. "Si lo que Dios no permita, se encendieran nuevas discordias por el derecho de precedencia, el Ordinario con la autoridad, y en nombre de la Santa Sede las acabe, admitiendo solo pruebas auténticas, y omitida toda solemnidad judiciaria, *per summariam, extrajudicialem et administrativam provisionem*, dé fin a la controversia, *gratis omnino et brevi decreto*. Todos los recursos acerca de precedencia entre estas Familias, remítanse al Ordinario con la *monitio* de que acabe *sine mora* la controversia; y si en un caso gravísimo se reserva la S. C. *de Religiosis* el definir, siga la misma norma, *rem citissime definiat*............"[1]

Reflejo de este lenguaje claro y robusto de Pio X son los cánones formulados en el Código sobre esta materia. En armonía con estos cánones el Ordinario puede establecer entre sus diocesanos el orden jurídico de las precedencias, sin olvidar las normas de derecho común, y componer sin admitir apelación, las controversias que sobre procesiones se suscitaren, aun cuando fueran controversias entre exentos que asisten colegialmente a la procesión.[2] Hagan los Ordinarios que se guarde todo lo que prescriben los cánones sobre el culto divino, y vean que nada se introduzca en el culto público o privado que sea en desdoro de la fe o religión.[3] Procuren, finalmente, dice el Código, que las procesiones sagradas, extirpados los abusos, se hagan con el orden, modestia y reverencia que tan bien dicen con los actos religiosos, y más cuando son tan públicos y solemnes.[4]

---

1 Pio X, *Motu Proprio* 15 Aug. 1910.—*Monitore* vol. XXII (1910) pag. 392.

2 Can. 106—n. 6. "Loci ordinarii est in sua dioecesi statuere praecedentias inter suos subditos, ratione habita principiorum juris communis, legitimarum dioecesis consuetudinum et munerum ipsis commissorum; et omnes de praecedentia controversias, etiam inter exemptos, quatenus ii collegialiter cum allis procedant, componere in casibus urgentioribus, remota omni appellatione in suspensivo, sed sine praejudicio juris uniuscujusque.

3 Can. 1261.—§ 1 "Locorum Ordinarii advigilent, ut sacrorum canonum praescripta de divino cultu sedulo observentur, et praesertim ne in cultum divinum sive publicum sive privatum aut in quotidianam fidelium vitam superstitiosa ulla praxis indicatur......"

4 Can. 1295. "Curent Ordinarii ut sacrae processiones, extirpatis, si qui sint, malis usibus, ordinate procedant eaque modestia ac reverentia ab omnibus perficiantur, quae piis ac religiosis hujusmodi actibus maxime conveniunt."

CAPITULO XVI

LA VIA PROCESIONARIA

Si las procesiones sagradas se tienen que hacer, yendo de lugar sagrado a lugar sagrado, *eundo ordinatim de loco sacro in locum sacrum* (c. 1290 §1), es preciso, para guardar el orden, seguir un rumbo fijo y determinado. Por esto, dice el Código que toca al Ordinario del lugar señalar de antemano el itinerario o vía procesionaria, por donde debe marchar la procesión. "Del Ordinario del lugar es propio indicar los días, las horas y los rumbos de las procesiones de cada parroquia o iglesia."[1]

Artículo I.—Disposiciones sobre la Vía.

La disciplina antigua sobre la vía procesionaria es muy minuciosa. El Ritual de Amiens pag. 265 dice: "Cuando el Prelado hace su entrada solemne, las calles por donde pase, deben estar alfombradas". (De la Visita Pastoral, año de 1784). Hubo tiempo en que se prohibió hacer la procesión de Corpus por el barrio de los judios,[2] y se mandaban cerrar durante la procesión todas las oficinas, suspender a los obreros todos los trabajos"*donec sacra ex eorum conspectu abierit pompa*, y barrer todas las calles. Se recomendaban las colgaduras de tapices e imágenes en las ventanas de las casas, pero se prohibía la exhibición de nada que fuera pagano o indecoroso. Se alababa la costumbre de esparcir flores por la vía procesionaria, pero se prohibía arrojarlas sobre la procesión, y, por fin, se amenazaba con las penas severísimas de los cánones[3] y Constituciones de los Pontífices[4] a los que profirieran voces tumultuosas y promovieran contiendas o riñas al paso de las procesiones.

---

1 Can. 1291 § 2 ".......... sed ubi plures sunt ecclesiae Ordinari loci est dies, horas ac vias praestituere quibus suam quaeque processionem agant." Decreta, 336,1821,3309.

2 S. C. de Ritos, 22 de Feb. de 1593.

3 Cap. *Decet de Immun.* in 6o.

4 Pío V, Const. *Cum Primum,* 1 de Abril de 1566.

En las procesiones con el Santísimo se pueden levantar en la vía altares y hacer varias estaciones[1] y éstas pueden hacerse, aun tratándose de solas reliquias, imágenes o estatuas de los Santos[2]; pero ya de muy antiguo está prohibido el uso de morteros o cámaras de pólvora[3], disparar armas[4], hacer fuegos artificiales[5], y, en general, nada que desdiga de una procesión sagrada que en su esencia no es más que un acto de culto divino.

Artículo II.—Parte Ornamental de la Vía Sacra.

Como parte ornamental de la vía sacra deben figurar aquí las cruces, las reliquias, imágenes, estandartes o banderas, cuya vista y buena disposición cautivan grandemente el corazón, y excitan la piedad del pueblo fiel. La cruz procesional va la primera con la faz del Crucificado, hacia adelante[6], a no ser que se lleve alzada la cruz arzobispal.[7]

Todo el clero irá siguiendo una cruz, la de la Catedral, si va el Cabildo, o sino, la de la iglesia que hace la procesión, en cuyo caso el clero de dicha iglesia ocupa el lugar más distinguido.[8] Donde haya costumbre de llevar cada iglesia su propia cruz, podrá tolerarse.[9] A los Regulares se les permite marchar bajo la cruz propia[10] bien que velada, con un velo del color correspondiente[11] en señal de acatamiento al clero secular, y los Terciarios pueden ir bajo la cruz de la Orden primera, dando a ésta la precedencia.[12] También las Congregaciones

1 Ceremonial de los Ob. II, pag. 33.

2 Rit. Rom. tit. VIII, c. 1, n. 1.

3 S. C. de Ob. y Reg. Ventimilien. 2 de Jul. de 1613. "Neque aenea mortaria neque alia quaelibet bellica tormenta dum sacra pompa procedit, explodere quisquam ausit."

4 S. C. de Ritos, 2 de Dic. de 1696.

5 Const. Synod. Prov. Neap.—*Acta et Decreta Sac. Conc. Recent.* vol. I, pag. 172. "Scloppi, radii aliaque ignea tormenta nonnisi tanta post processionem distantior explodantur."

6 Decret. 1528.

7 D'Herdt, III, n. 318.

8 Decret. 596 y 3144.

9 Decret. 596, 1205 y 2641.

10 Decret. 572, y 670.

11 Decret. 344.

12 *Ephemer. Lit.* vol. 32 (1918) pag. 225.

y Cofradías suelen seguir su propia cruz, bien que sin asta y con un velo pendiente.[1]

Las reliquias van primero que las imágenes, exceptuada la imágen de la Virgen que precede a todas las reliquias, aun a las del santo patrón de la iglesia;[2] y ni las reliquias ni las imágenes pueden ser llevadas bajo palio[3] pero sí el *lignum crucis* o los instrumentos de la Pasión de Cristo.[4] En las procesiones del Santísimo ni las imágenes ni las reliquias ni tampoco los instrumentos de la Pasión[5] pueden llevarse.

Otro de los ornamentos de la vía sacra son las banderas. Estas no deben tener la forma triangular,[6] ni representar sociedades hóstiles a la Iglesia católica,[7] y nosotros añadimos que si han de contribuir a la belleza del conjunto, es bien que guarden la debida simetría con las imágenes y estandartes de la procesión.

Si se admiten bandas de música debe cumplirse el can. 1264 §1 que rechaza toda música o canto, mal avenidos con la pureza y decoro del culto divino[8] y ocupar el lugar debido en la vía procesionaria[9] es decir, delante del clero secular y regular.

Finalmente, contribuye no poco a la solemnidad y animación de la marcha de la procesión por la vía pública la voz festiva y clamorosa de las campanas, cuyo uso, digamos, toca de derecho a la Iglesia, según la letra del c. 1169 §3 que dice: "Earum usus unice subest ecclesiasticae auctoritati", ya que se trata de un acto del culto público,[10] conforme al dicho antiguo tan famoso:

---

1 Decret. 359 y 2811.

2 Decret. 3087.

3 Decret. 2647.

4 S. C. de Ritos, 27 de Marzo de 1826—*Anal. Pont.* (1885) pag. 590.

5 Decret. 3878 y 3997—*Ilustración del Clero,* vol. XVI (1922). La S. C. de Ritos en 31 de Mayo de 1930 resolvió que para llevar *"signa Passionis et statuam B. M. V. Perdolentis sine Christo mortuo"*, al visitar el santo sepulcro o monumento en la madrugada del Viernes Santo, "primo mane", debe uno atenerse para cada caso a lo que decida el Ordinario del lugar. "In singulis casibus stetur mandatis respectivi Ordinarii loci". ASS v. XXII (1930) pag. 36.

6 Rit. Rom. tit. IX, n. 5.

7 S. C. C. 26 de Marzo de 1924—Pascuale Vito *Quistioni Canoniche,* vol. I, pag. 73, Napoli, (1926).

8 Pio X, Motu Proprio (1904). "Nelle processioni fuori di chiesa può essere permessa dal Ordinario la banda musicale, purche non si esguiscano in nessun modo pezzi profani"; Pio XI, *Bula Divini cultus,* 22 de Dic. de 1928.

9 Decret. 2869.

10 Cavagnis, *Institutiones juris publici,* lib. IV, Vol. III, pag. 382.

"Laudo Deum verum, plebem voco, congrego clerum
Defunctos ploro, pestem fugo, festa decoro."[1]

Un Sínodo de Nueva Granada dispuso que las campanas repicaran al salir la procesión, al marchar y al volver a entrar en la iglesia.[2] Hoy la costumbre es de echar a vuelo las campanas cuando sale la procesión y cuando vuelve, y las demás iglesias cuando la procesión pasa por delante de ellas.[3]

---

1 Apolinaris, *Comentarium Juridico-Canonicum,* (1931) pag.211. "Cultus autem divinus heic latissime patet ad ea scilicet omnia quae vitam religiosam quadantenus tangunt aedificandam, excitandam, fovendam, augendam.

2 *Ex Synodo Neogranatense prima* (1868). "Sacram pompam e templo egredientem festivus campanae sonus prosequatur, idem redeuntem excipiat et praetergredientem comitetur."

3 Decret. 3043.

CAPITULO XVII

ORDEN JURIDICO DE LAS PROCESIONES

La apta y buena disposición de las cosas o personas para lograr, bajo el imperativo de una ley, un fin especial o común a todos constituye la noción o idea general de orden.[1] Y éste no puede faltar en las procesiones sagradas, que deben ser y expresar la armonía espiritual de muchas almas que adoran y cantan a un mismo Dios con la música divina de una misma fe, esperanza y caridad.

Artículo I.—Necesidad del Orden en las Procesiones.

El orden viene a ser para la procesión religiosa como la forma substancial que la da el ser orgánico, el caracter sagrado, el movimiento rítmico y grave, la dignidad, la gracia, toda la belleza y pompa de un acto religioso público y solemne, conjunto hermoso de cualidades que hacen de la procesión medio eficacísimo para alabar a Dios, y excitar la piedad y devoción del pueblo fiel.

El orden da a la procesión cierto parecido a las gloriosas milicias del cielo,[2] millares y millares de ángeles y santos, unidos todos con el fuerte vínculo de un amor inmenso, y embriagados con las melodías de un mismo cántico celeste: "*Dignus est Agnus qui occisus est, accipere virtutem, et divinitatem, et sapientiam, et fortitudinem, et honorem, et gloriam, et benedictionem.*" [3]

Este orden en gran parte se realiza cuando los fieles, colectivamente unidos, ocupan el lugar que, según ley canónica, deben ocupar, guardándose al mismo tiempo entre sí la reverencia debida, yendo todos, como dice el Código, ordenadamente, *eundo ordinatim.*[4]

1 A. Farges, *Philosophia Scholastica,* t. I, ed. 37a., Parisiis, (1924) pag. 445. "Ordo physicus est apta dispositio rerum mundanarum (vel personarum) ad assequendum, juxta leges praefixas, fines sive cuique specialem, sive omnibus communem".

2 San Greg. Naz., *Oratio* 42.

3 Apoc. V, 12.

4 Can. 1290 § 1.

Por esta razón la Iglesia de Dios que ha instituido las procesiones sagradas por considerarlas como medio aptísimo para avivar la fe, promover el culto, y mejorar y elevar las costumbres del pueblo cristiano, ha puesto también especial cuidado en dictar sabias leyes o cánones sobre el orden que deben guardar en las procesiones tanto los individuos como las sociedades o colegios. De ahí que el punto cardinal de todo el orden jurídico, a cuyo alrededor gira la mayor parte de la legislación canónica sobre procesiones es el que toca directamente a la precedencia.

Artículo II.—Precedencia en General.

Precedencia que viene de *praecedere,* ir delante de otro, significa en nuestro Código el derecho de ocupar, con preferencia a otros un lugar más digno, ora en las procesiones, ora en simples funciones religiosas.

El lugar más cercano al preste u oficiante en la procesión, júzgase en derecho el más digno,[1] y precisamente el deseo inmoderado de ocupar este lugar ha sido en el correr de los siglos, como vimos al hablar de los abusos, origen de graves males en la Iglesia de Dios. Siempre el deseo de la propia excelencia, sin el freno de la recta razón y de la fe, se ha convertido en apetito desordenado de honores y prerrogativas, y en fomentador y atizador de malas pasiones, discordias, cismas y contiendas.

Viene al caso citar aquí el Evangelio, donde de una manera muy delicada el divino Maestro resuelve la primera cuestión. suscitada por sus discípulos sobre quién de ellos había de ocupar el lugar más alto y distinguido.

Los hijos del Zebedeo, sin tener título ni mérito alguno que alegar, se atrevieron, valiéndose de la madre de ellos, a pedir a Cristo la precedencia en el reino o iglesia que El fundase.[3] El maestro divino, justo juez como era y como es, no pudo admitir una petición tan in-

---

1 Antoñana, *Manual, II,* pag. 221

2 S. Mateo, XX, 21. "Dic ut sedeant hi duo filii mei, unus ad dexteram tuam et unus ad sinistram in regno tuo".

justa en sí, y tan ofensiva para los demás discípulos,[1] nacida toda ella de ambición y de ignorancia.[2] El divino Legislador del nuevo reino o iglesia dijo en breves palabras el modo cómo debería anhelarse y ejercerse el derecho de precedencia entre los suyos. *Et qui voluerit inter vos primus esse, erit vester minister.*[3] De esta enseñanza viene la santa y milenaria costumbre de llamarse a sí mismo el Pontífice Sumo de la Iglesia, "servus servorum Dei."[4]

Artículo III.—Normas Generales.

Para evitar inútiles repeticiones tan contrarias a la claridad y precisión de las ideas, apuntaremos en este lugar aquellas normas jurídicas que, en jurisprudencia, podrían titularse la *Carta Magna* de la legislación sobre precedencia.

Ahora bien, no hay en la Iglesia de Cristo, nuestro bien, modo ni más digno ni más jurídico para apaciguar los ánimos caldeados con el ardor de la contienda, que el nombramiento de un juez y árbitro que, por razón de su alta dignidad, *ex officio*, se presume en derecho que es justo, íntegro y probo.

Por esto el sagrado Conc. de Trento estatuye que todas las controversias sobre precedencia, que frecuentemente y con grave escándalo de los fieles surgen y se avivan entre los eclesiásticos de ambos cleros, con ocasión de las procesiones, las decida siempre el Obispo.[4]

---

1 S. Mat. XX, 24. "Et audientes decem, indignati sunt de duobus fratribus".

2 S. Mat. XX, 22. "Respondens autem Jesus dixit: Nescitis quid petatis".

3 Parece muy probable que fué San Greg. I (590-604) quien empezó a honrarse con tan glorioso título. San Agustín in Epist. CCVII ad Vitalem se llama a sí mismo "servus Christi et per ipsum servus servorum ipsius. Ahora este título es tan privativo de los papas que éstos encabezan todas las bulas con: *N. N. Servus servorum Dei,* y se dudaría de la autenticidad de las mismas a no comenzar de ese modo tradicional.

4 Con. de Trento, *in cap. de Regularibus,* sess. 25 "Controversiae omnes de praecedenctia, quae persaepe maximo cum scandalo oriuntur inter ecclesiasticas persomas, tam saeculares quam regulares, cum in processionibus publicis, tum in iis quae fiunt in tumulandis defunctorum corporibus et in deferenda umbella et aliis similibus, Episcopus, amota omni appellatione et non obstantibus quibuscumque, componat." Esta prudentísima disposición tridentina habría de bastar para resolver pacífica y decorosamente todas las cuestiones, *de jure et de praecdentia,* en funciones religiosas y procesiones. Véase ASS vol. XXVIII, (1895) pag. 239 y sig.

Miles de veces ha sido corroborada esta norma jurídica en la jurisprudencia canónica, y la citan generalmente los tratadistas de derecho.[1]

En una época de efervescencia religiosa y de espíritu rebelde contra las autoridades eclesiásticas, efecto, en gran parte, de los acontecimientos de la Reforma, no era tarea muy fácil mantener dentro del orden a los díscolos ni dirimir las contiendas que a menudo surgían, por no saberse entender, en los días de fiestas grandes o precesiones sagradas. Se hizo necesaria la imposición de nuevas leyes reglamentadoras del orden que se había de guardar en las procesiones. Tales fueron las que promulgó Greg. XIII años después del Conc. de Trento, a saber:[2]

Artículo IV.—Comentario de lo dicho.

Dice la Bula *Exposcit* que los Mendigantes que gozaban de la cuasiposesión de la precedencia o el derecho de preceder, preceden a los demás de la misma Orden.

---

1 L. Ferraris, *Prompta Bibliotheca* t. 6, pag. 86. "Praecedentiae controversiae in Funeralibus et processionibus componere potest Episcopus brevi manu, summarie, et de plano, ac sine strepitu et figura julicii". Véase lo dicho en este ensayo, c. XV, art. II. *"Poderes del Obispo"*.

2 Greg. XIII, Bula *Exposcit* 25 jul. 1583. Después de breve preámbulo, dice: De Nobis attributae potestatis plenitudine volumus, et Apostolica auctoritate decernimus, quod quicumque ex dictis fratribus Mendicantibus, inter se de praecedentia hujusmodi contendentibus, aut Confratribus Confraternitatum praedictarum, inter quos lites et causae praemissorum occasione ortae jam sint, seu oriri contigerit in futurum, ii, qui in quasi-possessione praecedentiae, ac Juris praecedendi, sunt positi, quibusque reclamationibus, appellationibus, et aliis subterfugiis prorsus remotis et cessantibus, et postpositis, in Processionibus, tam publicis quam privatis, praecedere debeant. Quando vero non probetur, aut non constet de quasi-possessione praecedentiae hujusmodi inter Fratres quidem Mendicantes, ii, qui antiquiores in loco controversiae, confratres vero inter se litigantes, ii, qui prius saccis usi sunt, in processionibus tam publicis quam privatis praecedere debeant, ita ut si contigerit nova Monasteria aut Domus alicujus Ordinis Mendicantium fundari in loco, in quo alterius Ordinis ex dictis Mendicantibus Monasteria, aut Domus, prius erecta, et instituta sunt ille Ordo, qui prius Monasterium seu Domum in loco habuerit, praecedat.
Praeterea, quia inter praedictos Ordines plerumque alia in Processionibus alia in Conciliis Generalibus, et aliis actis publicis, sive privatis, ratio circa modum praecedendi servatur, nolumus per praesentes praerrogativis dictorum Ordinum quoad praecedentias hujusmodi quae propriis Ordinibus, praeterquam in Processionibus praedictis debentur, praejudicium generare.

Es bien advertir, para mejor inteligencia del asunto, que la pacífica cuasi-posesión de las personas morales que antes del Código eran de diversa especie en punto a la precedencia, y ahora después del Código se consideran ser de una misma especie y del mismo grado, se ha de computar desde la promulgación del Código vigente.[1] Las personas morales que antes del Código eran de una especie superior tenían derecho absoluto a la precedencia, independientemente del título de la posesión.

Además, la posesión de derecho, que los cánones 1695 §1, 1697 §3, y 1698 §1 dicen *quasi-possessio,* supone dos cosas: el derecho actual de la posesión, y la intención o ánimo de ejercerlo en adelante. Es pacífica, si la parte contraria no protesta contra ella ni en juicio ni fuera de juicio procesorio.[2] Perturbar en sentido jurídico significa impedir el ejercicio de un derecho poseido o hacerlo molesto. Perturbar en sentido moral no nace de la acción legal, sino de la pasión del alma.[3]

Otra de las normas de Greg. XIII es que no pudiéndose saber con buena razón quien posee, valga el título de antigüedad. La comunidad de la Orden que sea más antigua en el lugar, que preceda.

Ahora, sino hubiere tampoco modo de probar cuál de las comunidades es la más antigua, entonces viene de lleno la autoridad del Obispo para decidir de golpe y acabar la contienda, según a él le pareciere mejor en el Señor.[4] Buen modo a veces de armonizar a los desavenidos es dar, en caso de duda, la precedencia un año a unos y otro año a otros.[5]

Entre los Cofrades de los Mendigantes, dice Greg., preceden los

1 Larraona, C. M. F. *Com. pro. Rel.* vol. I, (1920) pag. 79. "Adnotare juvabit, pacificam quasi possessionem quoad illas personas morales quae ante Codicem erant diversae speciei et gradu sunt, computandam esse a promulgatione Codicis.

2 Com. pro Rel. vol. IV, (1923), pag. 215. "Possessio juris ...... tunc adest quando exercetur cum animo illius juris exercendi. Quasi possessio est pacifica, quando ipsa non fuit turbata partis contrariae protestatione, juris reservatione, actione processuali vel administrativa......"

3 AAS vol. VIII (1915) pag. 120.

4 ASS vol. XXVIII (1895-6).

5 Bassi, *De Sodalitiis,* quaest. XI, n. 2.

que antes hayan usado el saco o hábito, (y en las procesiones, quienes de hecho lo lleven).

El Código ha incorporado, bien que algo modificadas, estas normas en los sagrados cánones. "Entre las varias personas morales, dice el Código, de una misma especie y grado, precede la que posee, y si ello no consta la más antigua en el lugar";[1] y en otro lugar: "Las cofradías tienen derecho a la precedencia únicamente, si van a la procesión colectivamente, bajo su propia cruz, y vistiendo el hábito o insignias de la asociación."[2] Estas palabras del canon "cum habitu seu insignibus associationis" relajan, a nuestro parecer, la obligación de vestir el hábito o saco propiamente dicho.

Las normas de precedencia de la Bula *Exposcit* dictadas para los Mendigantes, se extendieron más tarde a los monjes, y ahora, como acabamos de ver son ley general del Código vigente. La S. C. de Ritos infinidad de veces se refiere a estas reglas cuando responde a dudas sobre precedencia.[3]

---

1 Can. 106 n. 5. "Inter varias personas morales ejusdem speciei et gradus illa praecedit quae est in pacifica quasi possesione et si de hoc non constet, quae prius in loco, ubi quaestio oritur, instituta est."

2 Can. 701 § 3. "Omnes autem (confraternitates) tunc solummodo jus praedentiae habent, cum collegialiter incedunt, sub propria cruce, vel vexillo, et cum habitu seu insignibus associationis".

3 S.C. de Ritoa, *Nepsina*, 1 de Mayo de 1608; Telesina, 19 de Marzo de 1611 (Decret. nn. 251 y 291); *Bonominense*, 9 de Dic. de 1617. "Dictos confratres Societatis Santissimi Rosarii non posse deferre crucem sine habitu, nec praecedentiam eis competere super alias societates quae ante eos habent habitum" (Decret. 359) etc. etc.

También los canonistas han hecho siempre uso de las normas de Greg. XIII. Barbosa, *Jus eccl. universal.* lib. 2, c. 11, n. 102; Frances, *Bibliotheca* v. *Confraternitates* art. 6, nn. 15 y 16; Benedct. XIV, *Instit.* 105, n. 84 y sig.; la C. de la Rota, Militen., Jurium, 16 de Enero de 1913 y sobre *Aschicofradias* en 13 de Agosto de 1915—ASS (1922) pag. 395.

En conclusión, además de las reglas dichas no hay que olvidar dos generalísimas que sirven mucho para aclarar dudas y solventar dificultades, a saber: La costumbre legítima y laudable, (in processionibus publicis consuetis consuetudines sunt servandae, ASS vol. pag. 400) y las concesiones o privilegios apostólicos. Por concesión apostólica, por ejemplo, el Arz. de Baltimore tiene la precedencia sbre todos los Obispos (no Cardenales) de los Estados Unidos. *Congregación de Propaganda fide*, 15 de Agosto de 1858.

CAPITULO XVIII

ORDEN DE PRECEDENCIA

La precedencia, dice Maroto,[1] es una expresión de mayor reverencia y más alto honor, en armonía con la excelencia o superioridad que una persona tiene, según nuestro derecho. La precedencia es una ley de orden, impresa y refulgente en todas las obras de Dios, y con mayor claridad en las obras, superiores a la naturaleza, como la obra excelsa de la Iglesia, que todo lo vence y arrolla, precisamente porque toda ella está fundada en la unidad y en el orden, *terribilis ut castrorum acies ordinata.*[2]

El derecho romano que dicen ser el orden mismo o la razón recta escrita, no desconoce la ley de las precedencias.

"Decretamos, dice Teodosio, que todas las dignidades cedan el lugar a la dignidad consular. Pero como el Consulado ha de preceder o anteponerse a todas las dignidades, aun en todo acto de la curia senatorial, en los juicios, en las asambleas, si alguno fuere distinguido con la dignidad consular y la prefectura y el mando militar, éste indudablemente ha de ser preferido al que solo tiene la dignidad del consulado; y, finalmente, si aconteciere que uno a las dichas prerrogativas acumulare el esplendor del patriciado, ¿quién no ve que éste debe encumbrarse sobre todos los demás?"[3] Y éste es precisamente el orden que sigue la Iglesia en las precedencias, el orden de excelencia.

---

1 Maroto, *Inst. t. I,* lib. II, pag. 558.

2 Cant. VI, 3.

3 Cod. Theod. VI, 6, 1. "Universa culmina dignitatum consulari cedere evidenti auctoritate decernimus. Sed ut consulatus anteponendus est omnibus fastigiis dignitatum, in omni etiam curiae senatoriae actu, sententia, coetu, si quis consulatu et praefectura vel culmine militari conspicuus est pridem consulari praeferendus haud dubio est. Porro si contigerit ut duas has praerrogativas etiam patriciatus splendor addatur, quis dubitet hujusmodi virum ceteros eminere? (Theodosiani Lib. XVI. Mommsen.)

Artículo I.—Precedencia del Clero Secular.

El clero forma, por divina institución,[1] una clase distinta de la seglar o laica y superior a la misma, y por eso el Código[2] a todos los fieles manda que guarden a los clérigos la debida reverencia; de suerte que, ora vayan a la procesión formando colegio, ora no, siempre los clérigos deben ir primero que los laicos o simples fieles.

Pero no solamente a los simples fieles preceden los clérigos, sino también a los religiosos, tanto legos como sacerdotes. A los religiosos legos aun en las iglesias propias de éstos, vayan o no vayan los clérigos seculares en corporación; a los sacerdotes religiosos los preceden, sólo cuando los clérigos seculares van corporativamente, y fuera de las Iglesias de dichos religiosos.[3] Aisladamente los clérigos seculares preceden o no a los clérigos religiosos, según las normas del can. 106 donde se establece, que para determinar la precedencia de los individuos ha de atenderse a la autoridad, a la representación de ésta, al grado, al orden, al tiempo de la promoción o a la ordenación y aun, a veces, a la edad.[4]

Artículo II.—Precedencia del Clero Secular entre sí.

En conformidad con las normas generales del Código el orden de precedencia entre el clero secular o lo que es lo mismo entre la jerarquía eclesiástica es como sigue: Y no sin un acto de reverencia ponemos aquí el nombre del Romano Pontífice que es el centro de todas las precedencias.

---

1 Can. 107.

2 Can 119.

3 Can. 491 § 2. At clerus saecularis praecedit tum laicis tum religiosis extra eorum ecclesias atque etiam in eorum ecclesiis, si agatur de religione laicali........"
Las religiones de clérigos preceden a las de legos aun en las iglesias de éstos. (Com. pro Rel. IV, pag. 274)

4 Antiguamente, la ley de precedencia del clero secular sobre el religioso era general y absoluta S. C. de Ritos, nn. 145, 324, 1094, 1294). Para complemento de esta materia es razón anotemos aquí lo siguiente: 1ro. Los clérigos que viven en comunidad, pero sin hacer votos, son seculares, y por ende preceden a los religiosos. 2o. Los clérigos de una religión de legos formando cuerpo con los legos siguen, en orden a la precedencia, a los legos.

El Romano Pontífice que tiene el primado de honor y de jurisdicción sobre toda la Iglesia universal,[1] y es verdadero vicario de Cristo en la tierra, debe ocupar el lugar más alto y distinguido en todas las funciones, procesiones, reuniones o asambleas eclesiásticas, donde él asistiere, según el can. 106 n. 2 que dice a la letra: "quien tiene autoridad sobre personas físicas o morales, tiene también derecho de precedencia sobre las mismas."[2]

Para las personas que forman la casa pontificia rigen leyes o reglas especiales de precedencia.[3]

Cardenales. En el orden de excelencia y de precedencia siguen al Romano Pontífice los Cardenales, entre los cuales el primero es el Card. Legado a latere.[4] Después del Legado a latere tiene la precedencia el Decano del Sacro Colegio,[5] cuyos venerables purpurados son, por derecho, primero que todos los Prelados, Patriarcas y Delegados Pontificios, no siendo estos Cardenales, residiendo en su propio territorio.[6]

Los Cardenales gozan del derecho de precedencia desde el momento en que el Papa se reserva *in petto* el nombre de ellos para nombrarlos.[7] Y si un Cardenal diácono, después de diez años de serlo, opta por ser Card. presbítero, y llega a serlo, precede a los Cardenales presbíteros, nombrados después de él.[8] Esto quiere decir que el orden

---

1 Can. 218—§ 1 "Romanus Pontifex, Beatri Petri in primatu Successor, habet non solum primatum honoris, sed supremam et plenam potestatem jurisdictionis in universam Ecclesiam...."

2 Can. 106 n. 2 "Cui est auctoritas in personas sive physicas sive morales eidem jus est praecedentiae supra illas".

3 Can. 107 n. 7 "Circa personas quae ad Domum pontificalem pertinent, praecedentia moderanda est secundum peculiaria privilegia, regulas et traditiones ejusdem pontificiae Domus.

4 Can. 221 "Dicitur *Legatus a latere* Cardinalis qui a Summo Pontifice tanquam *alter ego* cum hoc titulo mittitur, et tantum potest, quantum ei a Summo Pontifice demandatum est.

5 Can. 237—§1 "Sacro Cardinalium Collegio praeest Decanus....

6 239 n. 21. "(Praeter alia privilegia..Cardinales facultate gaudent) praecedendi omnibus praelatis etiam patriarchis, immo ipsis Legatis Pontificiis, nisi Legatus sit Cardinalis in propio territorio residens; Cardinalis autem legatus a latere praecedit extra Urbem omnibus aliis." Pius X. 22 dec. 1911—Periodica, vol. 6 (1912) pag. 252.

7 Can. 283—§ 2.

8 Can. 236—§ 1-2.

jerárquico es ley de precedencia. Los Cardenales obispos son antes que los Cardenales présbiteros, y éstos antes que los diáconos, pero en cada uno de estos grados se debe cumplir la ley de precedencia conforme a las normas jurídicas del can. 106.[1]

Los Delegados Pontificios. Los Nuncios, Internuncios o Delegados Apostólicos (en el orden en que se anuncian por razón de su dignidad) preceden, aunque no fueren obispos, a todos los Ordinarios, no elevados a la dignidad cardenalicia.[2] Según esto, los Delegados Pontificios, preceden también a los Patriarcas, como éstos a los Primados, los Primados a los Arzobispos, y los Arzobispos a los Obispos.[3]

Artículo III.—Precedencia enrte Obispos y Prelados.

Continuando el mismo punto relativo a la precedencia entre el clero secular, punto que dividimos en secciones para mayor claridad, decimos que el Obispo en su propio territorio precede a todos los Obispos y Arzobispos, no Cardenales, ni Delegados Pontificios ni siendo el propio Metropolitano. Fuera del territorio propio deben guardarse las normas generales trazadas en el can. 106 tantas veces citado.[4] El

---

1 Can. 106 n.5.

2 Can. 269—§ 2.

3 Can. 280.

Para complemento de lo dicho respecto de los Cardenales será bien añadamos, siquiera por vía de nota, algo sobre la precedencia de la Curia Romana. Según el can. 242 la Curia Romana consta de Congregaciones, Tribunales y Oficios. Desde el can. 246 hasta el 264 el Código habla de cada una de estas unidades de la Curia, pero de la precedencia entre ellas, *nec verbum quidem,* ni una palabra. Vermeersch, Periodica vol. IV-V (1913) dice: "Ordo quo Constitutio Congregationes numerat non videtur alius esse, nisi ordo dignitatis. Non idem dixerim de tribunalibus, ubi inferius seu prior instantia ante superiorem poni consuevit." Const. Lii X, *"Sapienti Consilio,* de 20 de junio de 1908. Pero si sabemos de los tribunales cuáles son los superiores y cuáles los inferiores, también sabemos el orden de precedencia entre ellos.

4 Can. 347. "In suo territorio Episcopus praecedit omnibus Archiepiscopis et Episcopis, exceptis Cardinalibus, Legatis Pontificiis et Proprio Metropolita; extra territorium serventur normae traditae in can. 106. Además de este canon hay que saber lo que el Ceremonial de los Obispos prescribe sobre el orden de precedencia entre los Obispos, ya que el Código deja inviolable, salvos algunas excepciones, el orden litúrgico. Can. 2) Preguntada la C. de Ritos qué orden debían guardar los Obispos en las procesiones respondió: "Servetur Caeremoniale Episcoporum. (S. C. de Ritos, 26 de Nov. de 1919—AAS, vol. XII, pag. 177.

Obispo goza del derecho de precedencia desde el día de su promoción a la dignidad episcopal, pero no hay que confundir este derecho con el de presidir en las reuniones de sufragáneos.[1]

Los Obispos Coadjutores y Auxiliares, en orden a la precedencia, deben atenerse al can. 106, y los Vicarios y Prefectos Apostólicos, si fueren Obispos, tienen los honores de Obispos Titulares; sino lo fueren, mientras les dura el cargo, gozan de los honores debidos a los protonotarios apostólicos de número.[2] Entre los Vicarios Apostólicos el más antiguo en el oficio *praeminet*, es primero, dice la Santa Sede.[3]

El administrador Apostólico constituido de una manera permanente, tiene los mismos honores que el Obispo residencial;[4] si de una manera transeunte, "ad tempus", se equipara a los Obispos titulares.[5] El Obispo que, trasladado a otra diocesis, sigue de Administrador de la diócesis vacante, tiene en esta diócesis los derechos y honores de Obispos residencial.[6] Si el administrador no fuera Obispo, gozaría únicamente de los honores de Protonotario Apostólico.[7] Los Protonotarios Apostólicos vistiendo el hábito prelaticio preceden a todos los présbiteros, aun siendo éstos canónigos, (no formando colegio), exceptuados el Vicario General y Capitular, y los Generales de las Ordenes Regulares, los Abades y Prelados de la Curia Romana.[8]

---

1 AAS (1925) pag. 582. "Utrum vi can. 106—3. praecedentia inter Episcopos suffraganeos in Conc. prov. aliisque coetibus provincialibus definienda sit a die praeconizationis seu electionis ad episcopatum, an a die promotionis ad ecclesiam suffraganeam? La Comisión Pontificia Interpretadora del Código respondió: "Affirmative ad primum, negative ad secundum."

3 S. C. de Propaganda, 14 de Marzo de 1909—Il Monitore, XXI, pag. 54.

4 Can. 315—§ 1. "Administrator Apostolicus permanenter constitutus iisdem juribus et honoribus fruitur, iisdem obligationibus tenetur, ac Episcopus residentialis."

5 Can. 315—§ 2 n. 2. "Si ad tempus datus sit: Ad honorifica privilegia quod attinet valeat praescriptum can. 308." "Vicariis et Praefectis charactere episcopali auitis, privilegia honorifica competunt quae jus concedit Episcopis titularibus........"

6 Can. 315—§ 2 n. 2. ......sed Episcopo qui ad aliam sedem translatus prioris retinet administrationem, in hac quoque omnia Episcoporum residentialium honorifica privilegia competunt."

7 Vermeersch, Epitome, I (1929) pag. 26. Acaso la razón sea de analogía con el can. 308.

8 Pio X, *Motu proprio,* 21 de Feb. de 1905—*Monitore,* XXII (1910) p. 232. "Habitu praelatitio induti omnibus clericis presbyteris, etiam canonicis, singulatim sumptis, praeferantur. non vero canonicis, etiam collegiatarum, collegialiter convenientibus, neque Vicariis Gener. et Capitul. Generalibus Ord. Regular et Abbatibus et Praelatis Rom. Curiae".

Los Abades y Prelados *nullius* tienen las mismas facultades y obligaciones que los Obispos residenciales.[1] ¿Porqué no los honores de precedencia.?[2]

Artículo IV.—Precedencia del Vicario General.

Esta ha sido, en el andar de los tiempos, una de las precedencias más disputadas entre el clero secular, bien es que consagremos un artículo para dilucidar mejor este asunto.

El Vicario General, aun estando presente el Obispo, pública y privadamente goza del derecho de precedencia sobre todos los clérigos de la diócesis y sobre las dignidades y canónigos de la Catedral, sea en el coro, sea en los demás actos capitulares, a no ser que haya algún Obispo, él no lo siendo.[3] Con ser tan clara y terminante (a diferencia de la antigua) la nueva disciplina sobre la precedencia del Vicario General, todavía surgen dudas y más dudas en varios Cabildos.

En la Catedral de Cuneo, Italia, había una dignidad que se llamaba el Parroco Prior, instituido desde 1703, y que por consentimiento tácito de los Obispos de Cuneo, había sido considerado como la primera dignidad *post Episcopalem.* Se alegaban razones basadas en el Código vigente. De ahí surgió una duda sobre la precedencia del Vicario General, si era o no primero que el Parroco Prior. Se preguntó a la Santa Sede si en virtud del can. 370 §1 se debía conceder la precedencia al Vicario General, aun sobre el Párroco Prior, instituido por una Bula de 1703, renovada en 1817 y 1889, y además por haber tácitamente consentido el Obispo en que se le considerara como la primera dignidad del Cabildo, *prima dignitas post Episcopalem.* Basaban la duda que tenían en derechos adquiridos, apoyados en el can. 4 que mantenía toda su fuerza jurídica apesar del can. 370, decían ellos.

Y a esta duda siguió otra. Si le compete al Vicario General cuando asiste al coro con los hábitos canonicales el derecho de precedencia sobre todas las dignidades del Cabildo.

---

1 Can. 323—§ 1.

2 Lib. Decret. in 6o. Reg. LXV. "Qui sentit onus, sentire debet commodum et contra.

3 Can. 370—§ 1.

"An Vicarius Generalis Cuneen jus praecedentiae competat super Priore Parocho Ecclesiae Cathedralis in casu?"

"An jus praecedentiae super omnibus dignitatibus Ecclesiae Cathedralis spectet Vicarios Generales veste canonicali indutos?"

El 17 de Mayo de 1919 la S. C. C. respondió *"ad utrumque, affirmative.*[1] Las pretensiones del venerable Cabildo de Cuneo nacían de un equívoco. El Código no le disputa al Párroco Prior el derecho de ser cabeza y presidente del Cabildo ni le niega el título muy honorífico, por cierto, de ***prima dignitas post Episcopalem,*** todo eso es un hecho que afecta a la constitución interna del Cabildo, lo cual nada tiene que ver con el derecho de precedencia que de suyo sólo toca el lado social y público del Cabildo. El Código sólo dice que en virtud de la nueva disciplina general sobre precedencia toda dignidad eclesiástica, sino es episcopal, debe ceder la precedencia al primer oficial de la diócesis, al Vicario General.

En cuanto a la aplicación del can. 4 que se refiere a derechos adquiridos, hay que notar. El can. 10 que dice no tener las leyes efecto retroactivo no debe interpretarse a la ligera, como si el Código hubiera de dejar intangibles todos los cargos y dignidades de los nacidos antes del día de Pentecostés del año de 1918. Ridícula pretensión sería ésa que haría irrisoria toda la fuerza jurídica de la ley nueva. Que la ley no tiene efecto retroactivo, sólo quiere decir que ella no suprime aquellos derechos de que uno goza en el acto de la promulgación de la misma (ley), originados de un hecho jurídico anterior a la ley. Pongamos ejemplos: Ticio, diácono en 1917, en virtud del hecho jurídico de la colación de beneficios fué instituido párroco. Ahora bien, la nueva ley promulgada en 1918 que niega a los diáconos, como tales, capacidad jurídica para ser párrocos,[2] no tiene efecto retroactivo en orden a Ticio, el cual seguirá siendo párroco en virtud de un hecho jurídico anterior a la ley.

Tulio, jovencito de 15 años hubiera podido casarse la víspera de Pentecostés del año 1918. Tenía derecho, pero después no. (Can. 1063). Ridículo sería defender su derecho a casarse dspués de Pentecostés por haber nacido antes del Código, porque la capacidad ju-

---

1 AAS vol. XI, pag. 349—*Monitore*, XXXI (1919) pag. 296.

2 Can. 453—§ 1. "Ut quis in parochum valide assumatur, debet esse in sacro presbyteratus ordine constitutes.

rídica para el matrimonio no depende de haber nacido antes, sino de tener la edad legal exigida por la ley. Cambiada la ley, cambia la capacidad jurídica.

Igualmente en el caso del Párroco Prior de Cuneo. El derecho de precedencia no puede existir ni ejercitarse sino sobre la base de la ley que lo establece entre los oficios, cargos o dignidades. Si la ley cambia ese orden entre los oficios, las personas que lo poseen no pueden alegar lesión de derechos adquiridos en fuerza de la colación o institución, porque ésta no les da derechos, sino dentro de la cerca del propio oficio no con relación a otros oficios diversos.

El Código ha cambiado las normas reguladoras de las relaciones entre el Vicario y los canónigos, inclusas las dignidades; todos los cánones relativos a la precedencia son nuevos, los cuales reordenan "ex integro" la materia de las normas antiguas (Can. 6 n. 1).

Y aun surgieron más dudas. El Obispo de Lucerna preguntó a la Santa Sede, si el Vicario General tenía la precedencia, aun no siendo canónigo, y el Cabildo de Udine si el Vicario General tenía derecho a la precedencia en el coro, cuando no vestía los hábitos vicariales, sino los de simple canónigo. La Santa Sede respondió a ambas preguntas en sentido afirmativo.[1]

---

[1] *Jus Pontificium*, Annus VII, Fasc. IV. Romae, (1927) pag. 145. "Codex j. c. totam de praecedencia materiam ex integro ordinasse videtur; quare ad norman cc. 22 et 6 nn. 1 et 2, leges quaelibet, sive universales sive particulares codici contrariae abrogatae sunt cum jurisperitorum interpretationibus easdem recipientibus (S. C. C., 17 maii 1919)

Quoad Vicarium vero generalem, antiquis controversiis e medio sublatis, et juxta principia in can. 106 nn. 1 et 2 statuta, recepta est regula Vicarium generalem ratione officii, principem post Episcopum locum ubique et semper habere quamvis non sit canonicus, (C. C., 15 Dec. 1923); et si canonicus, quamvis non praelaticiis sed canonicali veste indutus fuerit (S. C. C. Maii 1919). Unica exceptio a jure admititur nempe si adsit Episcopus, quicumque ille sit, cui Vicarius generalis, eadem dignitate carens, ob reverenciam quae episcopali dignitati debetur, locum cedere debet. Idque proinde, saltem stricto jure, facere non tenetur, quoad Vicarios ac Prefectos Apostolicos vel Abbates ac Praelatos nullius aliosve Praelatos qui episcopali dignitate careant, nisi Romani Pontificis aut proprii Metropolitae personam gerant." ..*Periodica*, vol. XIII, (1924) pag. 171; AAS vol. XVI, (1924) pag. 378; *Monitore*, vol. XXXI (1919) pag. 295.

La última duda propuesta a la Santa Sede por algunos canonistas fué: Si el Vicario general tiene también la precedencia sobre los ministros que asisten con los ornamentos sagrados, sin llevarlos él. Y todavía no ha venido la luz para aclarar esta duda. *Adhuc sub judice est. Monitore,* vol. XXXIX (1927) pag. 57; Apolinaris (1931) pag. 217.

Artículo V.—Precedencia de Canónigos y Cabildos.

El Vicario Capitular, *sede vacante,* goza de los mismos honores y privilegios que el Vicario general, *sede plena,* por eso lo dicho en el can. 370 §1 dígase también del Vicario Capitular.[1]

Ello es muy sencillo, y fácil de entender, todos los derechos y privilegios, honores y preeminencias del Vicario Capitular las refunde el Código en un canon. No es tan sencillo y fácil de entender lo que atañe a esa porción tan ilustre del clero secular que forma los Cabildos, es decir, los Canónigos.

Estos que tienen derecho a formar parte de los sínodos diocesanos,[2] que son como el senado y consejo del Obispo,[3] que, según el orden de precedencia hacen las veces del Obispo, al celebrar las funciones sagradas en las fiestas más solemnes del año,[4] ocupan el lugar primero entre los demás sacerdotes.[5]

El Cabildo de canónigos(*capitulum canonicorum*),ora el catedralicio, ora el de Colegiata[6] se compone de varios clérigos; y se instituye por la Santa Sede,[7] con el fin de celebrar los santos misterios con mayor pompa y esplendor, y de regir la diócesis en el caso de quedar vacante la silla episcopal.[8]

Además del catedralicio y colegiado el Código menciona el Cabildo insigne y muy insigne "perinsignis",[9] numerados y no numerados, y alguno que otro canonista trae el nombre de otros Cabildos menos importantes, por ejemplo, cabildos seculares y regulares, exentos y no exentos.[10]

---

1 Can. 439. "Quae in can. 370 de Vicario Generali praescripta sunt, eadem de Vicario quoque Capitulari dicta intelligantur.

2 Can. 358—§ 1.

3 Can. 391 § 1.

4 Can. 397.

5 Ferraris, t. 6, pag. 86.

6 Bouix, *De Capitulis,* 57. Catedralicio es el que tiene su asiento en la iglesia catedral o episcopal; colegiado, que reside en la iglesia colegiada erigida por la Santa Sede y servida por un colegio de clérigos.

7 Can. 392.

8 Can. 391—§ 1.

9 Can. 391—§ 1. "Capitulum collegiale appellatur insigne aut perinsigne."

10 Prümmer, *Manuale Juris Eccles.* q. 139, pag. 181.

El Cabildo compuesto de tres órdenes de prebendas, presbiteriales, diaconales y subdiaconales, deben guardar la precedencia del orden; primero, los canónigos presbiteriales, luego los diaconales y, por último, los subdiaconales, y dentro de cada orden precederá en las funciones y procesiones el que haya sido recibido en la prebenda primero, no el que haya sido recibido antes en el Cabildo.[1]

Los Canónigos de iglesias hechas Colegiatas, *honoris causa,* guardarán siempre entre sí el orden de precedencia de las Colegiatas a que pertenecen, de las cuales la más antigua tiene la precedencia;[2] pero los Canónigos de Colegiata, *sine praejudicio parochorum,* tienen los mismos honores que los de la Colegiata *ad beneficium,* y preceden a los simples sacerdotes y párrocos, aun formando éstos colegio. El colegio no cambia la condición canónica de los párrocos, sino hay especial privilegio de la Santa Sede. La cláusula, *sine praejudicio parochorum,* se refiere a los derechos parroquiales, no a la precedencia.[3]

Entre los miembros del Cabildo las dignidades preceden a los demás canónigos, y entre las dignidades, según sea la costumbre del Cabildo o en el orden en que hayan sido constituidas por la Santa Sede, por ejemplo, Arcediano, Chantre o Tesorero.[4]

Casi toda esta materia que se refiere a la precedencia de los Canónigos y Cabildos se halla refundida en el can. 408 § 1, el cual dice: "El Cabildo catedralicio precede al colegiado o al de Colegiata, aun siendo insigne, y en la misma iglesia colegiata; el Cabildo insigne precede al no insigne; en el mismo Cabildo, salvos los estatutos particulares o costumbres legítimas, las dignidades, guardando el orden de precedencia entre sí, preceden a los canónigos; los canónigos más antiguos, es decir, los que antes tomaron posesión de la prebenda, a

---

1 Can. 408—§ 2. "In Capitulis in quibus habentur distinctae praebendae servetur praecedentia ordinis; et in eodem ordine praecedentia receptionis in ordinem, non autem in Capitulum."

2 *S. C. de Ritos,* 6 de Jun. de 1886.—ASS vol. XVIII (1885) pag. 34. "Qui prior est tempore potior est jure.... Mutatio tituli et status alicujus ecclesiae, ex praxi canonica, efficit ut vetus ecclesia extinta sit, et nova erigatur.

3 *S. C. de Ritos,* 20 de Feb. de 1619—*Monitore,* vol. XXIII, (1911) pag. 184.

4 *Acta Pii* XI—ASS (1924) pag. 60. En 20 de Octubre de 1924 Pio XI instituyó el Cabildo de Albavilla, Italia) de este modo: "Dignitates vero hae erunt: prima Praepositus; secunda, Cantor; tertia, Thesaurius; quarta, Decanus."

los posteriores; los canónigos titulares, a los honorarios; los honorarios, a los beneficiados; pero las dignidades o capitulares, elevados a la dignidad episcopal, preceden a todas las demás dignidades y canónigos que únicamente son presbíteros.[1]

Por vía de comento decimos que sólo las Colegiatas, y, por ende, los cabildos de ellas se dividen en insignes y no insignes. Insignes son todas las que por dignidad de la iglesia o por el número de los clérigos de las mismas han merecido de la Santa Sede dicho título, no insignes son todas las demás. (Prümmer, o. c.)

Casos especiales. Los Canónigos que son Prelados Domésticos de S. S. preceden a todo el clero, exceptuados el Vicario General y Capitular, el Cabildo de la Catedral, y los Abades.[2] En las procesiones de Corpus van detrás del Obispo oficiante.[3]

Los Vicarios Foráneos Canónigos preceden a todo el clero, y aun al párroco, cuando éste no ejerce función alguna litúrgica[4] y el Vicario Foráneo que es Canónigo de Colegiata no precede en su distrito a los demás canónigos en el coro y otras funciones capitulares.[5]

Lo dicho hasta aquí del Cabildo catedralicio debe aplicarse al cuerpo de consultores diocesanos, que hace las veces del Cabildo catedralicio, formando como el senado del Obispo.[6]

---

1 Can. 408—§ 1. "Capitulum cathedrale praecedit collegiali, etiam insigni, in ipsa quoque collegiali eclessia; Capitulum insigne praecedit non insigne; in eodem Capitulo, salvis peculiaribus statutis vel legitimis consuetudinibus, dignitates, servato inter se praecedentiae ordine, praecedunt canonicis; canonici titulares, honorariis; honorarii, beneficiariis; dignitates vero aut capitulares charactere episcopali ornati, omnibus dignitatibus ac canonicis in presbyterali tantum ordine constitutis, praecedunt.

3 Caerem. Episcop. Lib. III, c. 33. n. 9-11. *Monitore,* vol. VIII, (1906) Motu, *Inter Multiplices,* 21 Feb. 1905 n. 21.

3 Caerem. 1piscop. Lib. III, c. 33. n. 9-11. *Monitore,* vol. VIII, (1906) pag. 233.

4 *Monitore,* vol, XXXII, (1920) pag. 28; *Ephem. Lit.* (1919).

5 AAS (1925) pag. 582.

6 Can. 427. Coetus consultorum diocesanorum vices Capituli cathedralis. qua Episcopi senatus, supplet; quare quae canones ad gubernationem diocesis sive sede plena sive ea impedita aut vacante, Capitulo cathedrali tribuunt, ea de coetu quoque consultorum diocesanorum intelligenda sunt."

En conformidad con la regla de las Decretales ya citada que dice que los honores siguen a las obligaciones, si el Cuerpo de Consultores lleva todo el peso de los deberes del Cabildo, que lleve también la dulce carga de los honores y precedencias. En caso de duda, el Prelado es el árbitro de las precedencias, según el can. 106 n. 6.

Punto final de este asunto serán ciertas prescripciones litúrgicas con relación a los Canónigos.

Si en las procesiones los simples presbíteros van con sobrepelliz y bonete y los canónigos no, éstos no preceden.[1]

Cuando el Cabildo asiste a una procesión funeraria, únicamente se alza la cruz del Cabildo *quam sequantur omnes qui sunt de clero saeculari.*[2] El Cabildo puede encargar alternativamente a uno de los canónigos, no solamente las funciones capitulares, sino también otras funciones como procesiones etc. etc. con tal que no sean meramente parroquiales.[3] Los Canónigos han de ir de dos en dos, y no a los lados del Celebrante,[4] y por último, los Canónigos de Colegiata no han de asistir a las funciones *parati* como los catedralicios.[5]

Artículo VI.—Precedencia de los Párrocos.

Si la familia es la piedra fundamental de la sociedad civil, la parroquia lo es de la Iglesia de Dios. De ahí la importancia del oficio de párroco de quien depende, en gran parte, el buen ser y florecimiento de la religión cristiana entre los pueblos chicos y grandes.

Como todo oficio o cargo eclesiástico, el de párroco trae consigo graves obligaciones, y para hacer éstas más llevaderas, también trae honores y preeminencias. Aquí hablaremos sólo de preeminencias, es decir, de los honores de la precedencia de los párrocos.

El párroco que es un sacerdote o persona moral que ejerce el ministerio por título de colación y con cura de almas bajo la autoridad

---

1 *Monitore,* I, pag. 322.

2 S. C. C. *in Melevitana,* 27 Jul. 1907—*Monitore,* vol. IX, pag. 248.

3 S. C. C., 27 Jun. 1891; ASS vol. XXIV (1891) pag. 92.

4 *Analecta Juris Pont.* (1888) pag. 665. En el caso en que el representante de una institución sea solo (y en las procesiones sólo el Obispo tiene este privilegio), cuando se trata de una clase uniformada como el Cabildo, el último impar que va sólo agréguese a la izquierda de la pareja que va delante. S. C. de Ritos, 14 de Nov. de 1654)

5 S. C. de Ritos, 21 de Marzo de 1609.

del Ordinario del lugar,[1] precede a todos los clérigos subditos suyos.[2] La precedencia de los Párrocos entre sí depende de la dignidad de la iglesia que ellos representan, a la cual se unen con el lazo espiritual de místico esponsalicio, *spirituati connubio.*[2] Por eso, el Párroco de la Catedral o Vicario del Cabildo tienen la precedencia sobre todos los párrocos de la diócesis,[3] ya que la Catedral es la sede del Obispo y cabeza de todas las iglesias de la diócesis.[4] La precedencia le toca como a Párroco, y en concurso de los demás como Párrocos, no en otras funciones o asambleas.[5]

Además el Párroco de la Catedral tiene la precedencia sobre el Canónigo deán y el hebdomadario para llevar el Santísimo en las procesiones,[7] pero los simples Párrocos, aun formando colegio, no preceden a los Canónigos de la Iglesia Colegiata, menos a los de Cátedral.[8] El Vicario Foráneo, sea párroco o no, precede a todos los Párrocos de su distrito,[9] pero como no puede herir los privilegios litúrgicos, el Foráneo no puede preceder al Párroco oficiante.[10]

Ni el decano de los Párrocos ni el arcipreste de suyo son primero que los simples Párrocos, ya que la precedencia entre los Párrocos nace de la dignidad de la iglesia parroquial, de la cuasi-posesión y de la costumbre.[11] Ahora, el juzgar de la condición jurídica o de las costumbres legítimas de una iglesia, pertenece al Obispo, quien no se desviará de las normas y principios generales del derecho.[12]

---

1 Can. 451—§ 1.

2 Can. 106 n. 2 "Cui est auctoritas in personas sive physicas sive morales, eidem jus est praecedentiae super illas.

3 ASS vol. XXIV, pag. 136.

4 Can. 478—§ 1. "Sicut Parochus ecclesiae cathedralis, ita vicarius paroecialis Capituli cathedralis praecedit omnibus aliis dioecesis parochis aut vicariis.

5 De Luca, *De Praeeminentia Disc.* 4, n. 13 y sig. "Sedes Episcopi, princeps omnium ecclesiarum totius diocesis."

6 Coronata, Inst. II, pag. 192.

7 *Analecta* J. P., (1866).

8 *S. C. de Ritos,* 28 de Ag. de 1818—*Ferraris* o. c.

9 Can. 459—§ 2. "Pracedit omnibus parochis aliisque sacerdotibus sui districtus."

10 *Monitore,* vol. XLI (1929) pag. 60.

11 *Analecta* J. P. (1855) pag. 1429.

12 ASS vol. XX, pag. 166.

En una procesión a que por especial invitación acuden los Párrocos de las iglesias vecinas o pueblos, el orden de precedencia deberá fijarse en corformidad con las normas jurídicas del can. 106.[1] En conclusión , tanto los Párrocos amovibles como los inamovibles (que son del mismo grado en orden a las procesiones)[2] seguirán en toda procesión por orden a los Cabildos de las Colegiatas, aunque haya sacerdotes entre ellos que tengan el privilegio pontificio de usar mucetas.[3]

§ 1—*El Párroco en las Procesiones.*

Es atribución del Párroco exhortar al clero adscrito a su parroquia que acuda a las procesiones paroquiales, ya que el Código le impone a éste la obligación de asistir a ellas,[4] dirigir las procesiones de las cofradías,[5] aun cuando en la disciplina antigua ésto concernía al capellán de las mismas;[6] acompañar procesionalmente a un difunto usando estola[7] y con cruz alzada, sin licencia del párroco del territorio por donde ha de pasar el cortejo fúnebre.[8] Pero no puede impedir sin grave motivo, y sin la probación del Ordinario, que el clero secular o religioso o pías asociaciones invitados por la familia o herederos del difunto, acompañen el cortejo o procesión fúnebre;[9] ni introducir, sin permiso del Ordinario, procesiones nuevas ni abolir las ya acostumbradas,[10] y menos prohibir el paso de la procesión de otras parroquias por el territorio de la suya, o hacer procesiones extraordinarias sin permiso del Ordinario,[11] u oponerse a que el capellán o director de

---

[1] *Monitore,* vol. XXXIV, pag. 309.
[2] S. C. de Ritos, *in una Comensi* 27 de Marzo de 1706.
[3] S. C. de Ritos, 27 de Jun. de 1868—ASS vol. XXII, (1879) pag. 49.
[4] Can. 1294—§ 2. "Processionibus alicujus ecclesiae propriis interesse deben omnes clerici eidem ecclesiae adscripti."
[5] Can. 462 n. 7.
[6] ASS vol. XVI, (1924) pag. 400.
[7] El uso de la estola en las procesiones fúnebres es signo de jurisdicción sólo en orden al cadaver acompañado, no al lugar por donde pasa. Cardellini, t. VII *in Suppl.* n. 35; D'Annibale, Summula, p. III, pag. 359, nota 75.
[8] Can. 123—§ 1.
[9] Can. 1232—§ 1. Este se refiere *taxativamente* a las procesiones exequiales, de las demás no dice nada. Aquí viene de molde el dicho jurídico: "Legislator quod voluit expressit, quod ergo non expressit, noluit." (Gardellini).
[10] Can. 1294—§ 1. Si alguna parroquia tuviera el derecho exclusivo (c. 4) de hacer procesiones dentro de su territorio debería probarlo antes de prohibir el paso de otras procesiones. Para evitar escándalos, lo más cuerdo y jurídico es acudir al Ordinario. (c. 1295).

una cofradía asista a las procesiones de dicha cofradía, y aun más, a que el capellán use la estola, *dum processionaliter sequitur et claudit*,[1] ni puede permitir tampoco que vaya en la procesión niños, vestidos de ángeles, se entiende sin permiso del Ordinario,[2] ni autorizar procesión alguna extra ecclesiam dentro de los límites parroquiales si él o su representante no han de tomar parte en la misma.[3]

Y viniendo a lo que debe hacer, el Párroco debe celebrar procesión el día de Corpus, si su parroquia es la iglesia más digna del lugar (c. 1291 § 1), e intervenir en todas las procesiones públicas que se hagan dentro de su territorio,[4] ya que ellas son funciones reservadas *de jure* al cargo parroquial, segun el can. 462 n. 7, interpretado por la Comisión Pontificia en 10 de Nov. de 1925, y en las procesiones que salen de otras iglesias, aunque tengan sus propios rectores, fueren o no religiosos.[5]

§ 2.—*Precedencia de los Cuasi Párrocos.*

Al Párroco se equiparan en derechos (uno es el de precedencia) los cuasi-párrocos de los Vicariatos Apostólicos y Prefecturas Apostólicas,

---

1 Monitore, vol. XXXVII, (1925).

2 S. C. de Ritos, *Decret.* n. 3324—Card. Gennari, *Quist. lit.* pag. 227. Como norma general de decoro en las procesiones debería tenerse en cuenta en las mismas esta doctrina: "Devotio non debet se legis observantiae substituere. Illa vera devotio est quae ad legum observantiam ducit, quae vero legem impedit, falsa est et reprobanda." Van der Stappen, III, pag. 53; *Ilustración del Clero* vol. XXII, pag. 268-9.

3 *Monitore,* vol. XXXIX, (1927) pag 17p. Interviniendo el Párroco no se necesita más permiso para las procesiones ordinarias (Can. 462 n. 7)

4 *Periodica,* vol. XIV (1925) pag. 183. *Per se,* según el can. 462 toca al Párroco "publicas processiones extra ecclesiam ducere" porque si bien no puede decirse que el Párroco tenga territorio, ya que no ejerce jurisdicción en el foro externo, con todo, como las parroquias se distinguen por el territorio, se reservan al Párroco varias funciones que por necesidad deben celebrarse en algún territorio.

5 *Ilustración del Clero,* vol. XX, (1926) pag. 3. "El derecho exclusivo del Párroco de celebrar procesiones públicas fuera de la iglesia en conformidad con el can. 462 n. 7, y con la respuesta de la Comisión Pontificia del 10 de Nov. de 1922 se extiende también a las procesiones de los religiosos, fuera de la iglesia de éstos, teniendo en cuenta lo prescrito sobre la procesión dentro de la Octava de Corpus Christi (can. 1291—§ 2).

y los vicarios parroquiales que gozan de la plena potestad parroquial.[1] Lo mismo los capellanes mayores y menores castrenses, si reciben de la Santa Sede plenos poderes parroquiales.[2]

De esta cuasi-potestad parroquial participan los Vicarios ecónomos, los cuales en punto a la cura de almas tienen los mismos derechos y obligaciones que el Párroco;[3] los Vicarios Substitutos, constituidos ad normam c. 465 § 4, y c. 1023 que suplen al Párroco en todo lo que se refiere a la cura de almas, amoldándose al c. 474; los Coadjutores que suplen en todo o parte al Párroco al modo que indica el c. 475 § 2, y finalmente, los Vicarios Cooperadores que son simples ayudantes del Párroco, y cuyas obligaciones y derechos se derivan de los estatutos diocesanos, de las instrucciones dadas por el Ordinario o el Párroco.[4]

Ahora bien, según el mayor o menor grado de participación en la jurisdicción parroquial, el Código determina el grado de precedencia que a cada uno se debe. Los Vicarios Substitutos y Auxiliares Coadjutores, o mejor ayudantes, mientras fungen como tales, preceden a los Vicarios cooperadores, y éstos a los demás sacerdotes adscritos a la iglesia parroquial.[5]

El canon citado nada expresamente dice, en orden a la precedencia, de los cuasi-párrocos de los Vicariatos Apostólicos y de las Prefecturas Apostólicas como tampoco de los Vicarios parroquiales y capellanes castrenses; la razón es porque éstos, participando plenamente de la potestad parroquial, también participan de los honores debidos a los Párrocos propiamente dichos.

La precedencia de los demás clérigos seculares, aunque sean rec-

---

1 Can. 451—§ 2 y nn. 1 y 2. "Parochis aequiparantur cum omnibus juribus et obligationibus paroecialibus etparochorum nomine in jure veniunt: 1o. quasi-parochi, qui quasi paroecias regunt, de quibus in can. 216—§ 3. 2o. Vicarii paroeciales, si plena potestate paroeciali sint praediti."

2 Can. 451—§3. "Circa militum capellanos sive majores sive menores, standum est peculiaribus Canctae Sedis praescriptis."

3 Can. 473—§ 1. "Vicarius oeconomus iisdem juribus gaudet iisdemque officiis adstringitur as parochus.

4 Can. 476—§ 6.

5 Can. 478—§ 1.

tores de iglesia, o capellanes de cofradías,[1] o decorados con el título de doctores,[2] o Misioneros apostólicos,[3] se rige por las normas generales del can. 106.

§ 3.—*Precedencia del Rector del Seminario.*

¿Qué lugar debe ocupar el Rector del Seminario en las procesiones sagradas? No hemos encontrado, después de mucho revolver libros, una respuesta clara y definida. La disciplina antigua nos deja en duda, el Código no dice nada. Ferraris cita dos decretos de la Santa Sede en que se afirma que los clérigos del Seminario son primero que el clero secular, pero que deben dar el primer lugar a los clérigos que tienen cura de almas,[4] y además que ceden el lugar primero a los canónigos de las Colegiatas.[5]

Ceconi, uno de los intérpretes de la Sesión XXIII del Concilio de Trento, en lo que se refiere a Seminarios, dice todo lo contrario.[6] En 1869 se preguntó a la S. C. de Ritos sobre los clérigos de órdenes menores del Seminario, y los no adscritos a la Catedral, quiénes habían

1 *S. C. de la Rota,* 3 de Feb. de 1924—AAS vol. XIV, pag. 395. El rector no puede abolir las procesiones acostumbradas sin licencia del Ordinario, y él como también el capellán de cofradía tienen derecho a que no se les perturbe el ejercicio del derecho a hacer procesiones, impidiéndoles hacerlas a la hora y día señalados.

2 Can. 1378. Este canon que dice de los privilegios y honores de los doctores, nada dice del honor de la precedencia.

3 S. C. de Propaganda, 16 de Enero de 1924—AAS vol. XVI, pag. 15 y 243.

4 Ferraris, o. c. "*Processiones*" Seminarii clerici debent in publicis procesionibus primi incedere ante clerum saecularem, ac relinquere locum digniorem Curatis. (S. C. de Ritos, *in Capuana* (1607) et *in Adrien*, 22 de Marzo de 1620.

5 S. C. de Ritos *in Fundana,* 20 de Dic. de 1601. "Seminarii clerici non praecedunt canonicis *Collegiatae.*

6 Leonardo Ceconi, *Instituzione de seminari decretata dal Concilio de Trento* (1756) pag. 29 y sig.—Moroni, *Dizionario Storico-Ecclesiastico,* vol. LXIII, Venetia, (1853) pag. 301. "I prefetti e il rettore del Seminario sí nel coro che nelle processioni, andando il clero sotto una croce. per conservare il ordine gerarchico debbono avere il primo luogo tra seminaristi, e questi debbono precedere al clero seclare. ed in ispecie a' parochi ed a' canonici delle collegiate."

de preceder, y contestó que los del Seminario.[1] Lo dicho no funda certeza de nada, pero refleja que el sentido jurídico de la Iglesia se inclina a favor del Seminario. El Código, a lo menos implícitamente, parece armonizar con esa tendencia a favor de la precedencia de los seminarios.

El seminario forma ex jure una parroquia exenta de todas las demás parroquias, cuyo verdadero párroco es el Rector del Seminario,[2] a quien todo el clero del Seminario está obligado a obedecer.

Si la precedencia entre los Párrocos depende de la dignidad mayor o menor de la iglesia que ellos administran, debemos concluir que el Rector del Seminario debe tener la precedencia sobre los Párrocos, por ser párroco de una parroquia exenta e instituida por el derecho común "exemptum a juridictione paroeciali Seminarium esto."

Además, el Código cuando dice los nombres de aquellos que, por derecho deben ser llamados y asistir al Sínoco diocesano, nombra al Rector del Seminario después de los canónigos de la Catedral o de aquellos que hacen sus veces, es decir, los consultores dicesanos.[3] Si ello no es una razón muy convincente, pero es una razón, el Código con pocas excepciones, sobre todo cuando se trata de cargos o instituciones suele seguir el orden de excelencia, por ejemplo: cuando enumera las Congregaciones Romanas,[4] los que deben acudir al Concilio Ecuménico,[5] los nombres de las Asociaciones etc. etc. can. 701 § 1. En la misma convocación a Sínodo sigue el Código el orden de excelencia hasta llegar al nombre del Rector, ¿habremos de decir que interrumpe ese orden jurídico cuando se nombra al Rector? Luego el

---

1 S. C. de Ritos 20 de 1869. *"Seventur decreta,* contestó. Y uno de los decretos era el del 16 de Abril de 1831 *in Murana*—ASS vol. XII, pag. 40.

2 Can. 1368. "Exemptum a jurisdictione paroeciali Seminarium esto. et pro omnibus qui in Seminario sunt, parchi officium, excepta materia matrimoniali et firmo praescripto can. 891, obeat Seminarii rector ejusve delegatus, nisi in quibusdum Seminariis fuerit aliter a Sede Apostolica constitutum."

3 Can. 358—§ 1. "Ad Synodum vocandi sunt ad eamque venire debent: 1o. Vicarius Generalis; 2o. Canonici ecclesiae cathedralis aut consultores diocesani; 3o. Rector Seminarii diocesani saltem majoris......"

4 Can. 246 y sig.—*Vermeersch,* o. c.

5 223—§ 1.

Rector, después de los Canónigos de la Catedral, debe ocupar en las procesiones el lugar más distinguido. Tal es la práctica de la Iglesia en la misma Roma.[1]

---

[1] *Ilustración del Clero,* vol. XXV, (1931) pag. 237 dice: "En las procesiones papales si interviene el Seminario, se le considera parte del clero catedralicio, y por eso precede inmediatamente después de la Cruz del Cabildo de la Catedral; Antonaña, *Manual de Lit.* t. II, (1926) pag. 223. "Cuando en fuerza de la costumbre los párrocos asisten a las procesiones bajo la Cruz parroquial son precedidos por los Seminaristas. Si el Clero de la Colegiata asiste bajo su Cruz propia es precedido por el Seminario."

CAPITULO XIX

LA PRECEDENCIA DE LOS RELIGIOSOS

Otra división también muy brillante, cuya presencia da nuevo esplendor y realce a las procesiones sagradas, son los religiosos. El Código dice que, por su modo de vivir, son dignos de honor, y del honor de la precedencia sobre otros. "El estado religioso, dice el Código, o modo estable de vivir en común en que los fieles, además de los preceptos que todos deben guardar, profesan cumplir los consejos evangélicos por medio de los votos de pobreza, castidad y obediencia debe ser tenido por todos como digno de honor,"[1] y, no solamente. por lo que tiene de elevado, *espiritualmente* hablando, merece honor y respeto el Estado religioso, sino también porque en el orden jurídico participa de los privilegios del clero en general.[2]

Artículo I.—Precedencia de los Religiosos en General.

Los religiosos, ora vayan a las procesiones individualmente, ora vayan ellos en corporación, bien sea que vivan en comunidades con votos o en comunidades sin votos[3] siempre son primero que los legos.[4]

Para esclarecer mejor este punto, vamos a exponer aquí brevemen-

---

1 Can. 487. "Status religiosus seu stabilis in communi vivendi modus, quo fideles, praeter communia praecepta, evangelica quoque consilia servanda per vota obendientiae, castitatis et paupertatis suscipiunt, ab omnibus in honore habendus est."

2 Larraona, C. M. F., Com. pro Rel. vol. IV, (1923) pag. 210, nota 410. "Praecedentia religiosis, *generatim* concessa est veluti consequentia juridica illius honoris ac venerationis, quibus ab Ecclesia ob publicam ac complettam evangelicae perfectionis professionem digni habentur, et immediate ob participationem in privilegiis clericorum. (Can. 614)

3 Com. pro Rel. ut supra. "Praecedunt laicis et laicorum societatibus, quia participant de privilegiis clericorum, et accedunt aliquo modo ad religiosos." (c. 680).

4 Can. 491—§ 1. "Religiosi praecedunt laicis."

te el concepto jurídico de las distintas clases de religiones. De todas habla concisamente el Código en el can. 488, dividido en cuatro incisos o números. Religión, en sentido canónico, es una sociedad aprobada por la autoridad legítima de la Iglesia, en la cual los miembros de ella hacen, conforme a las leyes peculiares de la misma, votos perpetuos o temporales (que pasado el tiempo fijo se renuevan), y tienden o aspiran a la perfección evangélica.

Orden se dice la religión donde se hacen votos solemnes.

Congregación monástica, unión de varios monasterios *sui juris* bajo el gobierno de un mismo Superior; *Religión exenta,* es la religión de votos solemnes o simples que no está sujeta a la jurisdicción del Ordinario; *Congregación religiosa o Congregación* simplemente, se llama la religión donde únicamente se hacen votos simples, bien perpetuos, bien temporales; *Religión de derecho pontificio* es la religión que ha sido ya aprobada par la Santa Sede a lo menos con decreto laudatorio; *Religión clerical* es aquella, cuya mayoría son sacerdotes, y *laical,* aquella cuya mayoría son legos.

Sabido de toda religión qué es dentro del Código, de reflejo sabemos el grado de excelencia de cada una y, por ende, qué puesto de honor debe ocupar en las procesiones o funciones sagradas.

Articulo II.—Precedencia de los Religiosos en Particular.

El Código, dicho en general que los religiosos son donde quiera primero que los legos, "religiosi praecedunt laicis" entra luego a determinar la precedencia entre las varias clases de religiosos, diciendo: "religiones clericales, (praecedunt) laicalibus". Aquí por vía de comento será bien advertir que no dice, como ha dicho en la primera cláusula del canon. 491 § 1, *religiosi,* sino *religiones,* lo que está puesto en razón, ya que solo formando corporación, o como personas morales, preceden los religiosos clérigos a los religiosos legos, a no ser que éstos gocen de privilegios especiales, no revocados en el Código ahora vigente.[1] De paso notemos que las religiones de clérigos, de

[1] El Código en armonía con los cc. 4 y 489 deja intactos muchos de los privilegios antiguos, concedidos a las Religiones. Dice el can. 489: "Regulae et particulares constitutiones singularum religionum. canonibus hujus Codicis non contrariae, vim suam servant; quae vero eisdem opponuntur, abrogatae sunt.

cualquier especie que sean, preceden a las de legos. Por ejemplo, la religión de clérigos no exenta, y aunque sea *unicamente* de *derecho diocesano* precede no solamente a la de legos que son de derecho pontificio, sino hasta las mismas Ordenes exentas de legos y aun dentro de las iglesias de éstos,[1] y aunque en la religión u orden de los legos hubiera algunos sacerdotes.[2]

Precisando un poco más la precedencia de los religiosos, el canon ya citado formula otra clásula, referente a la especie suprema de religiones y religiosos, especie que enlaza, a modo de anillo misterioso, el clero secular con el regular.

La cláusula canónica es: "Canonici regulares, monachis" (pracaedunt). Desde tiempos antiguos vige esta regla sobre precedencia, confirmada muchas veces por la Santa Sede. Así, por ejemplo, que los canónigos regulares lateranenses han de preceder a los monjes de Monte Casino lo decretó S. Pio V,[3] y consta, además, en el Anuario Pontificio,[4] que no solamente los Lateranenses, pero también los canónigos regulares premonstratenses, cruciferos y otros, yendo corporativamente, preceden a los monjes camaldulenses y a los cisternienses.[5] Dése naturalmente por sabido que en este lugar hablamos de canónigos regulares por institución, no de los puramente titulares.[6]

---

1 Larraona, *Com. pro Rel.* vol. IV, pag. 211. "Sed quaeri potest, an hujusmodi praecedentia ubique vigeat, id est, extendatur ad ecclesias Religionum laicalium ...... Y responde: ...... ex analogia juridica idem hic pro Religionibus clericalibus valet ......"

2 *Com. pro Rel.* ut supra. "Quod etiam valet in casu Religionis laicalis quae aliquos sacerdotes ut membra numerat, quia hi cum communitate laicali unum efformant, nec a membris laicis separari valent. Non aliter, ex adverso, laici Religionis clericalis quae jure fruitur praecedentiae super aliam Religionem clericalem, clericis hujus Religionis praecedunt."

3 S. Pio V, *Const.* 75, *Romanus* 14 de Oct. de 1568.

4 *Annuar Pont.* (1923) pag. 441-2.

5 *Com. pro Rel.* IV, pag. 212, nota 421. "Constat ex ultimis clausulis hujus can. 491, in quibus contraponuntur: Regulares, Congregationibus religiosis; Congregationes juris pontificii, Congregationibus juris diocesani et tandem allegatur c. 106 n. 5 in quo sermo fit de praecedencia externa personarum moralium. Ceterum, quoad praecedentiam personarum ecclesiasticarum singularium inter se, sive pertineant ipsae ad clerum saecularem sive ad Religiones, vigent regulae can. 106 n. 3. Tamen animadverte religiosos laicos dici posse personas ecclesiasticas, et in ipsis, ad statuendam praecedentiam relate ad alios religiosos laicos inservire potest hoc criterium, scilicet pertinentia ad Religionem superioris speciei."

6 Battandier, *Guide canonique,* pag. 43, nota 1. La Congregación religiosa de canónigos regulares no precede a las Ordenes, sino que se halla en la misma categoría que las Congregaciones religiosas de votos simples.

Como los Canónigos regulares son primero que los monjes, éstos son primero que todos los demás regulares. "Monachi, ceteris regularibus (pracedunt)". Los monjes antiguos, o que lo son en sentido canónico, no cualesquiera religiosos que se llamen monjes no lo siendo, son los que preceden, yendo colegialmente, a los demás regulares.[1] En la disciplina antigua los monjes solo precedían a los hermanos, ora fueran mendigantes, ora no; ahora, según el Código, los Monjes preceden a todos los regulares (exceptuados los canónigos regulares) sean ellos hermanos legos, sean clérigos.[2]

Reducidas todas las especies de regulares a tres, la legislación canónica sobre precedencia es ahora incomparablemente más sencilla, fácil, inteligible y clara. Los Canónigos regulares preceden a los monjes, éstos a los regulares, y los regulares a todas las Congregaciones religiosas.

"Regulares, Congregationibus religiosis (praecedunt)." El Código vigente siguiendo el mismo método de simplificación ha elevado todas las Ordenes regulares a una sola categoría, y si no es por la ley especial o por privilegio,[3] en punto a precedencia, todos los regulares deben regirse por las normas generales del derecho común. Antes del Código, las Congregaciones religiosas clericales se consideraban como parte del clero secular, y por lo mismo, no seguían, sino que precedían a todos los regulares.[4]

---

1 *Annuar. Pont.* pag. 443-452. Aquí se habla muy municiosamente de las religiones monacales. Pero, como advierte Larraona, las Religiones que sólo son Congregaciones y no Ordenes, no pueden considerarse como si fueran monacales.

2 *Com. pro Rel.* I, pag. 78; Piat. II, pag. 43; Ojetti, *Synopsis, Praecedentia*, n. 3236.

3 S. Pio V, *Const. Divina* 27 de Ag. de 1578. "Fratres Praedicatores sequuntur Monachos—Prümmer, o. c. pag. 230. "Quandoque unus idemque Ordo religiosus ad diversas species pertinet. Sic, ex. gratia, Dominicani inter Mendicantes recensentur, sunt tamen etiam veri monachi, cum habeant vitam monachalem; insuper saltem juxta primaevam institutionem—inter Canonicos regulares numerantur et eorum fundator S. Dominicus fuit canonicus regularis

4 Clemente VIII, *Const. Quae ad removendum* 5 de nov. de 1603 declaravit clerum saecularem in omnibus locis etiam in propriis eclesiis, conventibus Patrum, Monachorum et Religiosorum, quorumcumque, in universo Regno Castellae et Legionis, praeferendum esse. "La Const. parece incluir entre el clero secular el de las Congregaciones religiosas.—Ferraris, o. c.

Artículo III.—Precedencia de las Congregaciones Religiosas.

Como acabamos de notar, las Congregaciones religiosas con la nueva disciplina sobre precedencia han dejado de ser las primeras entre las Ordenes regulares, sin que a ninguna se le haya ocurrido defender su antiguo derecho, alegando que la ley no tiene efecto retroactivo.

El Código dice: "Congregationes juris pontificii, Congregationibus juris dioecesani (praecedunt)". Las Congregaciones de derecho pontificio son todas de la misma especie, ora se llamen y sean exentas ora no,[1] y ocupan lugar más distinguido en las procesiones que las diocesanas, a no ser que las pontificias sean de legos y las diocesanas de clérigos.[2] La cláusula final del can. 491 reza así: in eadem specie servetur can. 106 n. 5.

Como la base jurídica de la precedencia entre personas morales se contiene precisamente en este canon, vamos a hacer algunas observaciones que sean como el resumen y complemento de lo dicho sobre esta materia.

Las especies de personas morales o religiones, cuya precedencia debe tenerse en cuenta en las procesiones sagradas son: Religiones clericales; Religiones laicales; Canónigos regulares; Monjes; Congregaciones de derecho pontificio; Congregaciones de derecho diocesano, y por tener alguna semejanza con éstas, podríamos añadir las sociedades religiosas de vida común, pero sin votos públicos, tanto clericales como laicales, pontificias o diocesanas (can. 678 § 1 y 2, las cuales son primero que todas las asociaciones de seglares.

Las religiones de clérigos (semper et ubique) preceden a las Religiones de legos, aun estando en las iglesias propias de éstos; pero si el derecho de precedencia no dimanara del ser uno clérigo, sino de otros títulos inferiores, entonces no habría tal precedencia de los clérigos

---

1 *Com. pro Rel.* I, pag. 373. Estaría muy conforme con el derecho dividir las Congregaciones pontificias en formal y plenamente aprobadas y aprobadas únicamente *per decretum laudis.* De ese modo parece que las plenamente aprobadas habrían de preceder a las no aprobadas más que con decreto laudatorio.

2 Larraona, *Com. pro Rel.* IV, pag. 213, nota 10. "Congregationes juris diocesani ex eo quod religiosae sunt, praecedunt Societatibus in communi viventibus sine votis publicis, et ipsae laicales sint, etsi sint juris pontificii (c. 673—§ 2) quod est notandum."

en las iglesias de los legos. Prueba de ello muy buena, bien que indirecta, es el can. 491 § 2, según el cual el clero secular tiene el primer lugar sobre todos los religiosos fuera de las iglesias de éstos, y dentro de ellas únicamente cuando las iglesias son de religiosos legos. Lo mismo debe decirse, hablando *per analogiam juris*[1] de la precedencia de las religiones clericales sobre las de legos. Cuando el Código quiere lo contrario, lo expresa.[2]

§ 1.—*Precedencia segun la especie y grado.*

El Código formula el can. 106 de dos modos, general el uno y particular el otro. Un ligero comentario sobre este punto tal vez ayude para entender mejor la ley de precedencia entre religiosos.

Cuando el Código se refiere a la precedencia en general, dice: "Inter varias personas morales ejusdem speciei et gradus..............." y aludiendo a este mismo can. n. 5 en el 491 § 1 lo anuncia de diferente manera. Dice: .... "in eadem specie servetur praescriptum can. 106, n. 5" omitiendo el inciso "et gradu". Del simple enunciado de este can. se deduce que la precedencia de ciertas personas morales, como las Religiones, no se decide pro el grado, y la de otras personas morales, como por ejemplo, Cabildos que púeden ser catedralicios, o colegiados, insignes y no insignes y aun de simples beneficiados se regula por el grado. Lo mismo debe decirse de la especie de Cofradías en la cual también el Código distingue diferentes grados, a saber: Archicofradías, y simples Cofradías, Uniones Primarias y simples uniones pías (c. 701 § 1).

Lo dicho es sobre la precedencia canónica entre las varias clases o especies de personas morales como canónigos regulares, monjes, regulares, congregaciones religiosas etc. etc. Para fijar la precedencia entre personas morales de la misma especie valgan las normas generales de la posesión pacífica o la mayor antigüedad en el lugar del litigio, computando dicha antigüedad desde cuando las personas empe-

---

1 Com. pro Rel. IV, pag. 214.

2 Ejemplo de esto que decimos es el can. 408—§ 1 donde dice del Cabildo catedralicio que precede al de Colegiata, aun siendo este Cabildo insigne, y en la misma Colegiata; pero cuando dice que el Cabildo insigne precede al no insigne, omite lo de preceder en la iglesia de éste. "Jus quod voluit expressit, ergo quod non expressit, noluit".

zaron a ser de la misma especie, por ejemplo: Las Congregaciones religiosas de derecho pontificio y las de derecho diocesano son de distinta especie, jurídicamente hablando. Supongamos que las diocesanas pasan a ser pontificias, y un día para defender su derecho de precedencia sobre otras pontificias alegan que son más antiguas en el lugar donde litigan. La antigüedad se computará desde que son pontificias.[1]

§ 2.—*Precedencia fuera del lugar de la Residencia.*

Si aconteciere que las personas morales tuvieran que asistir a la procesión de un lugar, donde ninguna de ellas tiene residencia, por ejemplo, con ocasión de un congreso o concilio plenario, y a donde la casa religiosa o convento no ha enviado verdaderos representantes, sino que los ha enviado la provincia o la Religión, en este caso (no expresado en el Código) para fijar la precedencia valdría la mayor o menor antigüedad de la casa religiosa en la diócesis si se tratara de procesiones o funciones locales o diocesanas; la mayor antigüedad en la provincia eclesiástica, si se tratara de funciones provinciales, y la mayor antigüedad en la Iglesia, si se tratara de funciones que pasan los límites de la provincia eclesiástica.[2]

§ 3.—*Precedencia de las Religiones en el Orden Interno.*

El Código no solamente da normas para fijar el orden externo de las Religiones en las procesiones sagradas, sino que penetrando en el santuario de las comunidades religiosas, traza en breves palabras, la regla general de la precedencia entre los miembros que componen esas

---

1 *Com. pro Rel.* IV, pag. 214, nota 433. "Ex una parte verba Codicis viderentur generalia": "quae prius in loco ubi quaestio oritur instituta est" sed ex alia parte aequum non apparet ut antiquitas computetur a tempore in quo erant domus diversae speciei. Pari modo, ex gr., recepto presbyteratu non juvat antiquitas in subdiaconatu, relate ad alium qui prius tamen ad presbyteratum promotus est.

2 *Com. pro Rel.* IV, pag. 218, nota 447. "In hoc casu, ex logica juris, videretur attendendum esse pro his Religionibus ad majorem antiquitatem in diocesi si agatur de functionibus localibus vel dioecesanis; ad majorem antiquitatem in provincia ecclesiastica, si de actibus provincialibus; ad majorem antiquitatem in Ecclesia, si de actibus qui provinciam transcendunt.

mismas comunidades, a saber: entre aspirantes, postulantes, novicios, profesores, hermanos, clérigos y toda la jerarquía de oficiales, superiores, menores, mayores y supremos.

Dice el can. 106 n. 5: "El derecho de precedencia entre los miembros de un colegio (Religión, casa o comunidad) se determina, en conformidad con las propias ordenaciones o constituciones, si las constituciones nada establecen, la precedencia será según la costumbre legítima, y no pudiéndose recurrir ni a las constituciones propias del Instituto ni a costumbre alguna legítima, entonces aplíquense las prescripciones del derecho común a todos.

En este punto de la precedencia interna de las comunidades, las prescripciones de los estatutos o constituciones de la Religión se han de guardar aunque sean o parezcan contrarias a las reglas del derecho comun en materia de precedencia. Ello debe notarse bien para la mejor inteligencia del canon en orden a la precedencia interna. Vigen en toda su fuerza, por lo tanto, las reglas de precedencia interna que provienen de las constituciones y costumbres legítimas, aun siendo contrarias a las normas comunes.[2]

---

1 Can. 106 n. 5 "....inter sodales vero alicujus collegii jus praeceden tiae determinetur ex propriis constitutionibus; secus ex legitima consuetudine; qua deficiente, ex praescripto juris communis".

2 Com. pro Rel., IV, pag. 276. "Vigent ergo regulae praecedentiae internae quae ex constitutionibus vel legitimis consuetudinibus proveniunt, etsi sint normis generalis praecedentiae contrariae. Ad has tunc tantum fit recursus cum aliae desunt. Sic, in concreto loquendo, non semper in Religionibus clerici, ordinati in sacris, immo ipsi sacerdotes, aliis qui non sunt clerici, vel non ordinati in sacris, vel non sacerdotes praecedunt. Hic possumus applicare quod ajebat S. Hieronymus in prologo suae versionis Regulae S. Pachomii "loquendo de praecedentia monachorum Pachomiensium:" *Quicumque autem monasterium primus sedet, primus ambulat, primus Psalmum dicit, primus in mensa manus extendit, prior in ecclesia communicat, nec aetas inter eos quaeritur sed professio.* (Holstenius-Brockie: "*Codex regularum,* v. II, p. 43). Exempla habentur v. gr. in const. *Servitar.,* nn. 210, 318 ubi nec ex sacerdotio praecedentia dimetitur; const. *Camaldulens.* (Montis Coronae), p, 213 in cap. LX Reg.; *FF. Praedicat.,* n. 346 (350); *Redemptorist.* nn. 474, 482 etc. qui solum *sacerdotii* rationem ad praecedentiam habent; const. Cassinen. a P. O. in cap. LX Reg.; *Trinitarior.,* n. 142; *Minimor. Correct.,* c. II, n. 18; *Ministrant. infirm.,* n. 229; *Somasch.,* c. XIX, l. I, n. 9; Pallotin. (ed. post Codicem), n. 7o; *Sacramenti.,* n. 142; *Missionar. Cordis Jesu,* 16-c, qui omnes *ordinis sacri* calculum ad jus praecedentiae faciunt; aliae e contra omnes ordines ut causam praecedentiae admittunt ex. gr. const. *Congregat. Gallic. O. S. B.,* n. 70; const. *Merceder.,* n. 375; et const. *Oblator.,* n. 715.

CAPITULO XX

PRECEDENCIA DE LAS ASOCIACIONES

Siempre la Iglesia ha reconocido la fuerza nativa de la asociación humana tanto para el bien como para el mal, por eso alaba y recomienda la primera y condena la segunda. "Son muy de alabar, dice el Código, los fieles que dan su nombre a sociedades erigidas o recomendadas por la Iglesia, y es bien se guarden mucho de darlo a asociaciones secretas, condenadas, sediciosas, sospechosas, o que procuran eludir la vigilancia de la Iglesia."[1]

Artículo I.—Clases de Asociaciones.

Además de las Ordenes y Congregaciones religiosas, de que tan largamente hemos hablado, la Iglesia constituye, erige o aprueba asociaciones de simples fieles, divididas en tres clases o especies, idicadas de una manera general en la letra del Código. "Pueden constituirse por la Iglesia asociaciones que se distinguen de las religiones o sociedades a que se refieren los canones 487 hasta el 491 o para promover entre los socios la perfección cristiana (Terceras Ordenes) o para ejercer la piedad y la caridad (Pías Uniones) y, finalmente, para trabajar por el aumento y esplendor del culto (Cofradías, especialmente la del Santísimo)[2].

Ahora bien, cuanto mayor es le excelencia del fin que se propone realizar una asociación, tanto más excelente es la misma asociación y, por ende, tanto mayor derecho tiene a la precedencia sobre los demás, ya que precedencia debe ser un reflejo de la superioridad o excelencia de una persona física o moral.

[1] Can. 684. "Fideles laude digni sunt, si sua dent nomina associationibus ab Ecclesia erectis vel saltem commendatis; caveant autem ab associationibus secretis, damnatis, seditiosis, suspectis aut quae studeant sese a legtima auc Ecclesiae vigilantia subducere."
[2] Ca. 685.

Para que dichas asociaciones puedan hacer valer su derecho de precedencia en las procesiones tienen que existir y vivir conforme a los cánones, los cuales ordenan el modo de adquirir existencia jurídica.

§ *Unico.—Estado jurídico de las Asociaciones.*

No reconoce la Iglesia asociación alguna que no fuere erigida o a lo menos aprobada por la autoridad legítima eclesiástica. (c. 686).

Como reza el can. 100 § 1 solo entonces adquieren las asociaciones personalidad jurídica en la Iglesia, cuando obtiene del legítimo superior decreto formal de erección.[1]

El Código previene que ninguna asociación pía se llame con nombres que indiquen ligereza o novedad mal vista o mal sonante, ni que expresen devociones no aprobadas por la Santa Sede.[2] Toda asociación debe tener sus estatutos o reglamentos examinados y aprobados por la Sede Apostólica o por el Ordinario del lugar.[3]

Si los Párrocos y rectores siguieren, en punto a asociaciones, las normas tan sabias del Código vigente, la acción social católica de sus parroquias e iglesias sería mucho más sacra, firme y potente, evitando a la vez el vicio de las nulidades jurídicas, la vacilación en la formación de las sociedades, y la confusión que resulta de no guardar el orden debido en las funciones y procesiones.

---

1 Can. 687. "Ad norman can. 100, tunc tantum fidelium associationes juridicam in Ecclesia personam acquirunt cum a legitimo Superiore ecclesiastico formale obtinuerunt erectionis decretum.

2 Can. 688. "Associatio titulum seu nomen ne assumat quod levitatem aut absonam novitatem sapiat, vel speciem devotionis a Sede Apostolica non aprobatam exprimat."

3 Can. 689 § 1. "Qualibet associatio sua statuta habeat, a Sede Apostolica vel ab Ordinario loci examinata et approbata.

La autoridad legítima para erigir asociaciones son la Santa Sede y el Ordinario del lugar, o aquellos que recibieron delegación o privilegio apostólico para ello (c. 686 § 2), como el Gral. de los Dominicos para erigir la Cofradía del Rosario. Para la válida erección de una asociación piadosa *ad modum corporis organici,* se requiere el asenso del Ordinario, *scripto datus* (c. 686 § 3. Forma cuerpo la asociación, si es verdadero colegio eclesiástico, con su propia administración de fondos, con oficiales y hábito o saco propios. (Prümmer Manuale, pag. 339).

Artículo II.—Asociaciones en especial.

El Código encabeza el título XIX con estas palabras: "De fidelium associationibus in specie," anunciando luego el can. 700 que dice así: "Distínguense en la Iglesia tres clases de asociaciones: órdenes terceras seculares, cofradías y pías uniones"[1] que es precisamente el orden de precedencia en las procesiones sagradas. Nosotros invirtiendo el orden por exigirlo así el desenvolvimiento lógico e histórico de las asociaciones, hablaremos primero de las pías uniones y cofradías y segundo de las terceras órdenes seculares.

La diferencia entre pía unión y cofradía está en que la primera no necesita para erigirse más que la aprobación del Ordinario, y la segunda únicamente puede constituirse por decreto formal de erección.[2] También el fin de ambas es distinto. La piedad y la caridad, de la Pia Union; promover el culto divino, de la Cofradía.[3] Algunos omiten esta diferencia, *non auten recte*, ya que bien clararemente la expresa el Código.[4]

§ 1.—*Origen de la Cofradía.*

Cofradías (soladitas),[5] o cofraternitas,[6] significa muchos hermanos unidos. Los primeros fieles del cristianismo se llamaban hermanos y para ejercer con mayor fervor y eficacia obras pías y de caridad, formaron aquella nueva y sublime fraternidad, modelo de todas las cristianas, fundida y purificada en la llama ardiente de una caridad inmensa que hacía de muchos corazones uno y de muchas almas una sola

---

1 Prummer, Manuale, pag. 342 "Valde praestat ut ista terminologia nunc omnino retineatur, quia hodieque terminologia fuit satis anceps in hac materia.

2 Can. 708. "Confraternitates nonnisi per formale erectionis decretum constitui possunt; pro piis autem unionibus sufficit Ordinarii approbatio....

3 Can. 707—§ 1 "Associationes fidelium quae ad exercitium alicujus operis pietatis aut caritatis erectae sunt, nomine piarum unionum; § 2. Sodalitia vero in incrementum quoque publici cultus erecta, speciali nomine confraternitates appellantur.

4 Beringer-Hilgers, Ablãse, 14, II 2.

5 Moroni, Dizionario, vol. 23, pag. 224. "Sodales quia una sedent vel quia una vescuntur dapibus.

6 Piazza, *Opere pie di Roma,* pag. 500. "Confratres tienen un origen parecido al vocablo *compadre.*

alma.[1] Como se ve, de orígen les debe venir a las pías uniones y cofradías el que vivan en paz y buena gracia consigo mismas y las demás asociaciones.[2]

Estas asociaciones religiosas fueron ya conocidas en tiempos muy remotos. Entre los judíos gozaban de cierta nombradía unas de que habla Josefo, gran historiador de los suyos,[3] y otras que todos sabemos cuyos hechos parecen manchas entre las hebras doradas de la narración evangélica. Todos hemos oido decir de las malas artes de los fariseos, escribas, esenos, herodianos y nazarenos; cómo la mayoría de ellos ejercitaba la piedad y la misericordia, velaban por el honor del templo santo y la reverencia debida a Jehová que habita en las alturas.[4] De las sacras y pías uniones de los romanos tenemos aun mayor número de testimonios.[5]

§ 2.—*Las Primeras Cofradías.*

Después de la paz de Constantino, toda la cristiandad parece reflorecer con nuevos vástagos de uniones pías y fraternales.

La cofradía cristiana, bien que de una manera rudimentaria y privada, data de los tiempos apostólicos. Como institución aparece ya mentada en las actas del Concilio de Constantinopla o Trulano, celebrado en 7 de Nov. de 680, donde a los cofrades se los llama "hecatontarcas;" en el Concilio de Nantes (895) se hace también mención de ella bajo el nombre de "colecta" y luego la vemos generalizada en toda la Iglesia.

Las cofradías o hermandades son congregaciones de fieles canónicamente instituidas, a fin de promover la vida cristiana con obras de

1 Actas, IV, 32.

2 *Tertuliano, Apolog.* c. 89 .. "et fratres vestri sumus jure naturae, matris omnium; et si vos mali homines, quia mali fratres, quanto dignius fratres, et dicuntur et habentur, qui unum Patrem Deum agnoverunt, qui unum spiritum biberunt sanctitatis, qui de uno utero ignorantiae ejusdem ad unam lucem expaverunt veritatis? Sed eo fortasse minus existimamur, quia nullus de nostra fraternitate Tragediae exclamat etc....

3 Josefo, Hist. 7, *Antiquitates..*

4 Paolo Medici, *Riti e Costumi degli ebrei.*

5 *Frances,* c. 25. Nullus enim erat flamen sine sodalium scollegio. Cicerón, "De senectute c. 13. "Sodalitates autem, me praetore, constitutae sunt." Tito Livio, lib. 1 dice: "Fue Numa Pompilio fundador de colegios religiosos o "sodalitia"; Plutarco atribuye a Licurgo "in vita Licurgi) las instituciones fraternales de Esparta.

religión y de caridad para con el prójimo.[1] Por estar instituidas por la autoridad eclesiástica, y para fines religiosos, se diferencias de otras asociaciones o gremios no canónicamente instituidos ni por fines inmediatos de religión. La palabra "cofradía" en sentido rigurosamente jurídico se refiere a las asociaciones, constituidas a manera de cuerpo orgánico, formando colegio y con hábito propio, *ad modum organici corporis et cum habitu vel sacco constitutis.*[2]

En sentido menos rigoroso cofradía quiere decir asociación dedicada a obras buenas, de piedad, de caridad o religión, pero que nunca se ha cuidado de formalizar su "status juridicus". Así son la mayaría de las asociaciones que hoy día privan en las parroquias.

§3.—*Archicofradías, Uniones Primarias y otras.*

Estas palabras "congregaciones. asociaciones, cofradías, pías uniones y hermandades, antes del Código, no eran tan claras y precisas como ahora, de ahí que tanto los canonistas como las Congregaciones Romanas las usaran con vario significado, siendo ello causa de interpretaciones arbitrarias, de mucha confusión y de interminables contiendas.[3]

---

[1] Wenz, *Jus Decret.* vol. III, n. 704; Appeltern, *Compend. juris Regularis,* n. 765 (Tornaci) 1903.

[2] *S. C. de Indulg.* 25 de Ag. de 1897.—*Analecta, vol. V*, pag. 492. Según el Código vigente, ni el ser cuerpo orgánico ni el hábito son los específico de la cofradía, ya que puede existir, por ejemplo, la del Rosario, sin formar cuerpo orgánico (Prümmer, o. c. pag. 345), y el can. 709 parece dejar en libertad a los cofrades para usar hábito o bien insignia" en las funciones del culto. Lo esencial y privativo de cofradía es que se tiene que erigir, *per formale decretum* (c. 708) Vermeersch, *De relig. inst.* vol. I, pag. 544.

[3] *Vermeersch, Epitome,* I. (1929) pag. 517. "Ante Codicem, Tertii quidem Ordines ab aliis fidelium associationibus. ut nunc, distinguebantur. Commune autem aliarum associationum nomen erat Confraternitates. Haec improprie dicta erat si, canonica erectione carens, sola permanente sociorum consensione existebat. Proprie dicta, canonice erecta, sedem propriam certo loco, ecclesia, altari constitutam possidebat. Hae confraternitates dein, stricte tales, erant collegia cum quadam interiore hierarchia ad modum corporis organici constituta.
Minus stricte tales potius dicebantur Congregationes, sodalitates. Ex iis aliae quodam tamen vinculo personali socios conjungunt; dum aliae, sine hujusmodi personarum unione, recipiunt quoquot, levi expleta condicione, iis nomen dare voluerit.

Itaque nunc Piarum Unionum nomine veniunt quae generice appellabantur Confraternitates; dum antea, Piae Uniones potius designabant societates mere approbatas. Quod in legendis scriptoribus Codici anterioribus non est negligendum.

Archicofradías son las cofradías que tienen el derecho de agregar a sí otras cofradías de la misma especie, del mismo título y, *salvo apostolico indulto,* idéntico fin. Lo mismo debe decirse de las Uniones Primarias.[1]

Hay Archicofradías y Uniones Primarias de honor o meramente titulares sin derecho a agregar a otras cofradías o uniones,[2] tales son las Archicofradías de la Preciosa Sangre en Montefalcone, diócesis de Benevento,[3] y la de la Inmaculada en la diócesis nuscana, Italia.[4] Las Archicofradías y Uniones Primarias como tales ningún derecho tienen sobre las cofradías o uniones agregadas.[5]

§ 4.—*Ordenes Terceras.*

Ordenes Terceras seculares son asociaciones aprobadas por la Santa Sede, y afiliadas a una de las ordenes primeras regulares, aspirando a imitar la vida cristiana de éstas, en medio de las ocupaciones del siglo.[6] El Código las llama seculares para diferenciarlas de las terceras órdenes regulares, que no son otra cosa que congregaciones religiosas de votos simples. Son por su misma naturaleza superiores a todas las demás cofradías, y en la disciplina de la Iglesia se consideran como verdaderas órdenes religiosas.[7]

Son muy antiguas. Los primeros vestigios de ellas, tal vez, pueden hallarse en la institución de los canónigos de las catedrales que, al principio se decían, *clerici tertiae speciei,* de los cuales habla el Con-

---

1 Can. 720. "Sodalitia quae jure pollent alias ejusdem speciei associationes sibi aggregandi, *archisodalitia,* vel *archiconfraternitates,* vel piae uniones, congregationes, societates *primariae* appellantur.

2 Can. 725. "Titulus *archisodalitii* vel *archiconfraternitatis* vel unionis *primariae,* etiam honoris tantum causa, potest ab una Sede Apostolica concedi."

3 Leon XIII, *Pias Fidelium* (1895)—ASS. vol. VIII, pag. 120.

4 Pio X, 31 de Julio de 1909—AAS. I, pag. 759.

5 Can. 722—§ 2. "Ex hac communicatione nullum jus associatio aggregans acquirit supra aggregatam."

6 Can. 702—§ 1. "Tertiarii saeculares sunt qui in saecolo, sub moderatione alicujus ordinis, secundum ejusdem spiritum, ad christianam perfectionem contendere nituntur......"

7 Benedict. XIII, *Const. Paterna Sedis,* 10 de Dic. de 1725; Leon XIII, *a los Superiores de la Orden Seráfica,* 7 de Julio de 1883; Beringer, *Abläse,* vol. II, pag. 382, nota 1.

cilio de Toledo.[1] A lo menos son tan antiguas como las ordenes monásticas.[2] San Benito fundó la tercera orden llamada hoy "*oblati Sti Benedicti*;[3] Santo Domingo "la milicia de Jesucristo, *militia Jesu Christi*" y San Francisco la famosa orden tercera franciscana que, aun hoy, vive con toda su pujanza. Todas las demás, si realmente pueden llamarse ordenes terceras, no fueron más que una preparación para la gran Orden Tercera de San Francisco, la única destinada a extender la vida evangélica del claustro a los fieles que viven en el siglo.[4]

§ 5.—*Sociedad del Santísimo.*

De entre todas las cofradías la más distinguida, y recomendada a los Ordinarios en el Código es la Sociedad o cofradía del Santísimo Sacramento.[5] Merece, pues, le dediquemos un pequeño comentario.

Su objeto primario y directo es hacer los honores, de una manera pública y solemne, a Jesús Sacramentado. Instituída la fiesta de Corpus Christi, luego comenzaron las procesiones, las cuales excitaron tanto el fervor del pueblo fiel, que en Roma, casi todos los meses se celebraba una. Ahora como no siempre se guardara la reverencia debida a la Sagrada Eucaristía, un grupo de hombres píos y celosos se reunió en Santa María de Minerva en Roma para fundar la cofradía tan conocida del Santísimo Sacramento. Los cofrades del Santísimo acompañaban al Santísimo por las vías públicas cual si fuera la guardia de honor de la Eucaristía, levantando al aire blandones o gruesos cirios ardientes, decoraban el altar donde se custodiaba el Cuerpo de

---

1 *Conc. IV de Toledo,* can. 22. ,'Consueverunt seligere clericos ad sanctiorem vitam adspirantes, eosque sumpserunt, ut secum in clausura, paupertate, et obedientia remanerent, indeque ortum habuise canonicorum (ordinem) in ecclesias cathedralibus et collegiatis traditur. St. Aug. serm. 22. De communi vita cleri.

2 Prümmer, o. c. pag. 343, Q. 270.

3 P. Mandonet, O. P., *Les origenes de l'Ordo de Poenitentia,* Fribourg, (1898). Además de las terceras órdenes citadas hay las llamadas Premonstratenses, Carmelitas, Hermitaños, Agustinas, Mínimas, de los Siervos de la V. M. y las de los Trinitarios.

4 Benedict. XV, *Prope diem,* 6 de 9nero de 1921—AAS. vol. XIII, pag. 34.

5 Can. 711—§ 2. "Curent locorum Ordinarii ut in qualibet paroecia instituantur confraternitates sanctissimi Sacramenti......"

Cristo y prestaban en las parroquias otros servicios. Paulo IV la aprobó y confirmó con su autoridad apostólica, enriqueciόla mucho con indulgencias y procuró se estableciera en toda la cristiandad. "Vehementísimamente, dijo él, deseaba un grupo de hombres, puestos al servicio del adorable Sacramento, que lo acompañara con cirios, vistiendo el saco humilde, y entonando cánticos e himnos con gran piedad y reverencia. [1]

[1] *Synod. Sublac,* sub Card. Barberino (1674) c. 20. En Alemania, Bélgica, Suiza y otras regiones existe la sociedad del Santísimo sin haber sido instituida, *ad modum corporis organici.* Los Ordinarios pueden erigirlas como simples uniones pías, y con solo eso, se cumple con el can. 711 § 2 pero no quedan incorporadas en la archicofradía de Roma. Commis. Pont. 1 de Abril de 1927-AAS. vol. XIX, pag. 161. "Utrum archiconfraternitati Smi. Sti. in Urbe erectae de qua in can. 711-ç 2, *ipso jure,* aggregatae sint tantum confraternitates Smi. Sacramenti propriae dictae, an etiam piae uniones aliaeque sodalitates Smi. Sti? Affirmative ad 1am. Negative ad 2am. partem.

CAPITULO XXI

NORMAS DE PRECEDENCIA PARA LAS ASOCIACIONES

Hemos dicho, aunque brevemente, de la naturaleza y orígen de las asociaciones canónicas para seglares, ya que la base de la precedencia en las procesiones sagradas es la naturaleza o excelencia de la persona, pues, como ya dijimos, el honor de la precedencia se debe a la excelencia, mayoridad o superioridad de la persona física o moral. Esta es precisamente la lógica que sigue el Código. A los cánones que tratan de la naturaleza o excelencia de las asociaciones pías o religiosas de seglares. siguen los que precisan el orden jurídico de primacía entre las mismas. Entre las pías asociaciones de legos, dice el Código,[1] el orden de precedencia es como sigue:
1o. Ordenes Terceras; 2o. Archicofradías; 3o. Cofradías; 4o. Pías Uniones primarias; 5o. Simples Uniones Pías; y viniendo a la precedencia de la Sociedad del Santísimo dice que ésta es en las procesiones del Santísimo o en que se lleva el Santísimo primero que las cofradías y aun que las Archicofradías.[2]

Artículo I.—Legislación Antigua.

Antes que hablemos de cada asociación en particular no parece fuera de lugar hacer un poco de historia sobre las normas de precedencia entre las asociaciones.

---

1 Can. 701—§ 1. "Inter pias laicorum associationes, ordo praecedentiae est qui sequitur, firmo praescripto can. 106, nn. 5, 6:
1o. Tertii Ordines;
2o. Archiconfraternitates;
3o. Confraternitates;
4o. Piae Uniones primariae;
5o. Aliae piae uniones;
2 Confraternitas sanctissimi Sacramenti, si agatur de processione in qua defertur sanctissimum Sacramentum, praecedit ipsis archiconfraternitatibus.

Las primeras normas directivas de las asociaciones las hallamos en la Constitución de Clemente VIII *Quaecumque* (7 de Dic. de 1604), y en la de Paulo V *Quae salubriter* (1610), las cuales después fueron ampliadas y grandemente mejoradas por la Constitución *Exposcit* de Gregorio XIII, siendo en gran parte, incorporadas en el Código actual.[1]

Artículo II.—Precedencia de los Terciarios.

Lo primero que de las órdenes Terceras dice el Código en orden a las procesiones es que ellas no están obligadas a asistir a ninguna, colegialmente, pero si asisten (y siempre pueden asistir) deben ir con sus insignias, bajo cruz propia.[2]

Que las Ordenes Terceras tienen la primacía sobre todas las demás cofradías y pías uniones es ya de tradición antigua, siempre naturalmente que vayan colegialmente, llevando su hábito propio y bajo la cruz de la Orden.[3]

---

1 ASS., vol. XXXVII, (1904) pag. 341. "Gregorius XIII (*Const. Exposcit* 25 de Jul. 1589) ad dirimendas controversias, quae de praecedentia in processionibus aliisque ecclesiasticis functionibus excitabantur inter varias Confraternitates laicales, sequentem regulam praescripsit. ut nempe: "qui in quasi processione praecedentiae ac juris praecedenti sunt, ii.. in Processionibus tam publicis quam privatis praecedere debeant. Quando vero non probetur aut non constat de quasi possessione praecedentiae hujusmodi....inter Confratres inter se litigantes ii, qui prius (in civitate videlicet vel loco) saccis usi sunt, in Processionibus tam publicis quam privatis praecedere debeant...." Haec regula deinde firmata fuit pluribus Decretis S. C. Rituum, uti in una *Terentina* 88 Julii 1588, n. 3; *Thelesina* 19 Matii 1611, n. 291; et 24 Julii 1638, n. 653, etc.

Huic tamen generali regulae limitatio quaedam inducta fuit favore Soladitatis SSmi. Sacramenti, quae praecedentiam obtinet super alias Sodalitates laicales antiquiores non tantummodo in omnibus SSmi. Sacramenti Processionibus, sed etiam in quibuscumque aliis functionibus, in quibus SSma Eucharistia defertur; ita, ceteris omissis, patet ex Decretis S. C. Ritum in *Mediolanen.* 19 Junii 1655, n. 986; *Novarien.* 26 Aug. 1752, n. 2421 ad I; *Imolen* 12 Apr. 1823 n. 2628; *Westmonaterien.* 11 Dec. 1896, n. 3935 ad 2; et praesertim in una *Beneventana* a 17 Aug. 1833, n. 2708.

2 S. C. de Ob. y Reg., 28 de Sept. de 1748. "Tertiariis Franciscanis coetum constituentibus. nempe propio habitu indutis, ac sub cruce incedentibus, jus inest praecedentiae super quascumque laicas sodalitates."

3 S. C. de Ob. y Reg. 6 de Abril de 1900: "Tertiarios S. Francisci, necnon aliorum Ordinum, tunc solummodo habere jus praecedentiae in Processionibus cum iidem collegialiter incedunt, sub cruce propria ac veste uniformi induti.

§ 1.—*Una duda sobre el hábito o saco.*

En España ni los cofrades ni los terciarios visten hábito. El Obispo de Urgel (España) para dilucidar este punto dudoso hizo dos preguntas a la Santa Sede. "Cuando ni los terciarios ni los demás cofrades usan hábito, ¿tienen los terciarios la precedencia en las procesiones sobre todos los demás? ¿Tienen también la precedencia en las procesiones del Santísimo?" Ambas preguntas fueron contestadas afirmativamente,[1] si bien la primera afirmativa trae la añadidura de curia "in casu" para indicar que se responde al tenor de la duda propuesta por el Obispo de Urgel, que dice no usan hábito o saco ni los Terciarios ni los demás cofrades.[2] De paso digamos que la misma jurisprudencia corre para las cofradías y archicofradías, las cuales no pueden invocar los derechos a la precedencia ni el de llevar su cruz, si no visten el hábito o saco.[3]

§ 2.—*Disciplina actual sobre el hábito.*

Aunque el hábito no hace al monje ni al cofrade, pero los guarda y, generalmente hablando, les atrae el respeto de los demás, y les sirve para conservar el buen espíritu de la Orden o Cofradía, y aun para

1 An cum nec tertii Ordines nec Confraternitates aut Sodalitates sacco utuntur, jus praecedentiae competat Tertiariis super quibuscumque Sodalitatibus laicis? An etiam tunc jus praecedentiae competat Confraternitati ssmi. Sacramenti, in processionibus in quibus defertur Ssma. Eucharistia, non autem super Tertiis Ordinibus? Ad I. Affirmative in casu. Ad II. Affirmative, reservata jugiter praecedentiae Fratribus tertii Ordinis S. C. de Ob. y Reg., 10 de Nov. de 1905.

2 ASS. vol. XXXVIII, pag. 295. "Quia nempe in themate, nedum Tertiarii sed etiam confratres laici sacco non utuntur." Secus enim non incedentes cum sacco nulla gaudent praecedentia in processionibus.

El hábito debe ser el hábito completo franciscano (si la orden es franciscana). Deve intendersi l'intero abito franciscano a forma di sacco pei confratelli, giacchè non mai lo scapolare ha avuto il nome di abito. Monitore, vol. VIII, pag. 114, y vol. II, pag. 18).

3 Ferreres, S. J., *Razón y Fe,* vol. 14, pag. 233. "El saco o hábito con respeto a las cofradías y a los hombres. se compone, generalmente, de zapatos bajos con hebilla, medias blancas o negras, saco en forma de túnica, ceñido a la cintura por medio de un cordón, rosario pendiente al lado, esclavina como de peregrino, capucha que cubre la cabeza y la cara, con solo dos agujeros delante de los ojos, y sombrero plano y redondo al cuello y colgando a la espalda cuando no se lleva puesto. La diversidad de colores en el saco suele distinguir las cofradías. Las mujeres no usan saco, pero deben llevar traje negro."

excitar el recuerdo de cosas santas y divinas en los demás cofrades y no cofrades. He ahí porqué la disciplina antigua mantenía en pleno vigor la ley sobre el uso del hábito o saco. Pero "distingue tempora et concordabis jura." Antiguamente, el hábito de los cofrades (como el de los franciscanos) no desdecía ni en el color ni en la forma, de la indumentaria general de los seglares de la época. Ahora que los usos y modos y modas en el vestir han cambiado tanto, el hábito o el saco aparecen ya a los ojos del pueblo cristiano, o como una rareza, o como signo religioso de tiempos pasados. De ahí nace, a nuestro humilde parecer, la tendencia de la Iglesia a modificar algo la disciplina antigua sobre el saco de las asociaciones canónicas. Nos convencemos de lo dicho con solo leer los cánones sobre el hábito de las terceras órdenes y cofradías, a saber: En uno dice que usen el hábito o las insignias de la asociación,[1] y en otro ni siquiera hace mención del hábito, solo nombra las insignias[2] y otrosí dice en otro lugar un canon que las asociaciones no pueden usar hábito alguno especial sin permiso del Ordinario,[3] lo que indica no ser el hábito condición tan indispensable para la precedencia como lo era antes del Código.

No es, por lo tanto, ninguna novedad extraña afirmar que la disciplina antigua sobre el uso del hábito en las procesiones sagradas se ha modificado en el sentido de que los cofrades o terciarios pueden usar hábito propiamente dicho, o insignias, por ejemplo, escapulario, cordón, rosario etc.[4]

§ 3.—*La Cruz de las Asociaciones.*

Si la disciplina canónica en orden al uso del hábito parece haberse aflojado, no ha sido así en orden a llevar la cruz propia de ellas en las procesiones. En 20 de Junio de 1905 la Santa Sede hizo saber con

---

1 Can. 701—§ 3. "Omnes autem tunc solummodo jus praecedentiae habent, cum collegialiter incedunt sub propia cruce vel vexillo et cum habitu seu insignibus associationis."

2 Can. 706. "Publicis processionibus, funeribus aliisque ecclesiasticis functionibus tertiarii possunt, sed non tenentur collegialiter interesse; at si intersint, cum suis insignibus sub cruce propia incedant necesse est.

3 Can. 703—§ 3. "Nec sodalibus a se erectis possunt concedere usum particularium vestium, in publicis sacris functionibus deferendarum, sine speciali ejusdem Ordinarii licentia.

4 *Monitore,* vol. XXXVI (1924) pag. 146. "En cuanto al hábito, el c. 701—§ 3 dice: "cum habitu seu insignibus...." basta, pues, un pequeño escapulario o cordón."

decreto especial que los terciarios podían ir en procesión junto con la Orden primaria y bajo la misma cruz,[1] pero, segun algunos,[2] el can. 706 ha abolido dicho decreto, cuando dice de una manera absoluta que las asociaciones tienen que ir a las procesiones "cum suis insignibus et sub cruce propia".

De lo dicho, pues, podemos con buen fundamento concluir que no es conforme a derecho decir que las asociaciones canónicas que visten saco, deben preceder a todas las que no vistan, aun cuando éstas usen las insignias de la asociación, ya que el uso del hábito deja de ser requisito del Código en orden a la precedencia.

Articulo III.—Precedencia de las Cofradías.

Sin olvidar las normas jurídicas en general, y algunas de las Ordenes Terceras, diremos aquí sólo de las que moderan la precedencia de las Cofradías.

Las Cofradías deben asistir a las procesiones acostumbradas, y a las que el Ordinario del lugar se dignare celebrar, formando colegio, y llevando sus insignias, y estandartes.[3] Precisamente, el fin primario de la Cofradía es dar mayor auge y esplendor a la celebración del culto público y solemne, "in incrementum quoque publici cultus erecta" que dice el canon. 707 § 2, ya citado; y por eso la Cofradía, para gozar del honor de la precedencia, el Código la exige que vaya a la procesión formando colegio, con cruz o estandarte, y con hábito o insignia propios.[4] Donde son de notar las palabras cruz o estandarte, que indican no haber necesidad de llevar ambas cosas en las procesiones, sino una sola de ellas, como dice el canon antes mentado. Como en muchas regiones apenas se estila que las cofradías use ni insignias ni estandartes, dice Prümmer, que dicho estatuto jurídico no es de tanta importancia práctica.[5]

---

1 S. C. de Ritos, 20 de Jun. de 1905. Ephem. Lit. vol. 19, pag, 467.
2 Prümmer, o. c. q. 271, n. pag. 345.
3 Can. 718. "Confraternitates processionibus consuetis et aliis, quas Ordinarius loci indixerit, tenentur collegialiter cum propriis insignibus et sub proprio vexillo interesse, nisi Ordinarius aliud praescripserit." Insignias y estandarte es todo lo que exige el Código, y aun sin ellos pueden salir a la procesión los cofrades si al Ordinario le plugiere o así él lo ordenare como a la letra dice el cánon.
4 Can. 701—§ 3.
5 *Prümmer*, o. c. q. 273, pag. 347, n. 6. "Hoc statum non est tanti momenti practici."

§ 1.—*Reglas especiales para las Cofradías.*

Tornando a lo del hábito es bien saber que las Cofradías no pueden usar en las procesiones insignias o hábitos que no hayan sido aprobados por el Ordinario del lugar, ni tampoco dejarlos o cambiarlos.[1]

Ya que las Cofradías cumplen con los requisitos de ley,[2] pueden con justo título reclamar el honor de la precedencia, de que habla el can. 701—§ 1, sobre todas las uniones pías, aun las primarias[3] en todas las funciones sagradas.[4]

Además, las Cofradías, dentro de sus propias iglesias (hoy cosa rara) pueden celebrar sus funciones, no parroquiales, independientemente del párroco, si tales funciones se hacen sin daño del ministerio parroquial. Lo mismo debe observarse si la parroquia está erigida en la iglesia de la Cofradía. Cuando se dude, si las funciones de la Cofradía perjudican, o no, a la parroquia, que decida el Ordinario y trace a la vez las normas prácticas para evitar abusos y contiendas.[5]

Este canon con sus dos párrafos parecen ser un reflejo de varias respuestas pontificias, dadas el año de 1764 las cuales por su valor histórico y evolutivo del derecho canónico vamos a transcribir en este comentario.

I. An Cofraternitates erectae in cappellis, vel oratoriis, tum publicis tum privatis, adnexis paroecialibus ecclesiis, et ab eis dependentibus, habeant dictam dependentiam a parochis quoad functiones? —Affirmative.

II. An Confraternitates erectae in aliis ecclesiis publicis habeant, quoad functiones, aliquam dependentiam a parochis intra cujus paroeciae limites sitae sunt Ecclesiae?—Negative.

---

1 Can. 713—§ 2 y can. 714, el cual dice: "Confraternitas proprium habitum vel insignia, sine licentia Ordinarii loci, ne dimittat neve immutet."

2 Can.—§ 1. Confratres nequeunt sacris functionbus operam praestare, nisi confraternitatis habitum seu insignia deferant."

3 Can. 701.—§ 3o.

4 *Monitore,* vol. XXXIX, pag. 125. "Nelle funzione sacre son comprese le processioni."

5 Can. 716.—§ 2. "In dubio utrum functiones confraternitatis vel piae unionis noceant, necne, ministerio paroeciali, ad Ordinarium loci expectat jus decidendi, itemque statuendi practicas normas servandas."

III. An Confraternitates erectae in Oratoriis tum publicis tum privatis se adjunctis ab Ecclesia paroeciali quoad dictas functiomes dependeant a parroco?—Negative.

IV. An Confraternitates possunt facere processiones intra ambitum suae ecclesiae sine licentia parochi?—Affirmative.

V. An possint fieri dictae processiones extra ecclesiam Confraternitatis et in territorio parochi sine licentia?—Negative, nisi adsit Episcopi licentia.

VI. An in dictis processionibus Cappellanus Confraternitatis possit stolam deferre?—Negative extra propriam ecclesiam.

VII. An rectores et capellani confraternitatum possint compelli a parocho (ex solo jure officii) ad processiones et functiones?—Negative.[1]

§ 2.—*Anotaciones.*

De esta respuesta pontificia no hallamos vestigio alguno en el Código actual, pero las cuatro primeras guardan casi perfecta armonía con las normas jurídicas que ahora rigen la precedencia. La que se refiere al uso de la estola por el capellán se da por anulada.[2] Merece solo un pequeño comentario la que dice no poderse hacer procesiones sin licencia en territorio parroquial.

Antiguamente se daba mucha importancia a la cuestión de límites parroquiales. La disciplina en este asunto era muy severa. Las Cofradías podían hacer sus procesiones dentro de la iglesia sin permiso de nadie.[3] Fuera de la iglesia o de los lugares contiguos no se podía sin permiso del Obispo,[4] siendo de ley que presidiera el capellán de la Cofradía.[5] Ahora en este punto la disciplina de la Iglesia es mucho más benigna. El paso de una procesión fúnebre por territorio ajeno, ocasionaba, en otro tiempo, graves escándalos, y hoy vemos lo mismo, es decir, las procesiones que invaden límites de otras parroquias, y

1 *Tuscul. Synod.* (Appendix) 9 Sept. de 1764.
2 *Monitore,* vol XXXVII, (1925); Antoñana, *Manual,* II, pag. 627.
3 S. C. C., 24 de Jun. de 1632.
4 S. C. C., 9 de Jul. de 1718—*Razón y Fe,* vol. 16, 1905) pag. 241.
5 S. C. C. *In Isclana,* 28 de Enero de 1859—*Linger-Reuss Causae Selectae.* Si la procesión era teofórica, el Capellán llevaba el Santísimo, aunque asistiera el Párroco. *Razón y Fe,* 1. c. ut supra.

ninguno duda que ello es muy lícito. El Código no dice nada sobre invasión de límites parroquiales.[1]

Pero si el Código no habla de invasión de territorios, sí de la asistencia del Párroco a las procesiones de las cofradías que pasan por su territorio. Saliendo la procesión, por ejemplo, de un Santo de la iglesia de una Cofradía, y teniendo que atravesar el territorio de una parroquia, pregunta *Il Monitore Ecclesiastico*: ¿Qué canon dice ser necesaria la asistencia del párroco? Y responde: El canon 463 n. 7. o por sí mismo o por medio de representante, el Párroco tiene que intervenir en las procesiones de su territorio. No asistiendo él, no por eso hay que pedir permiso al Obispo.[2]

Artículo IV.—Precedenccia de las Pías Uniones.

En general las cofradías y pías uniones se rigen por los mismos canones.[3] El Código suele nombrar expresamente a ambas, cuando las quiere incluir en el mismo canon "confraternitates et piae uniones";[4] por eso deducimos que las pías uniones no están obligadas a asistir a las procesiones públicas, como sus hermanas las cofradías, porque al dictar un canon sobre esta obligación, el Código sólo nombra a las cofradías, y no a las pías uniones.[5]

---

1 *Monitore,* vol. XXXIX, (1927) pag. 59. "Il codice nulla stabilisce contro il diritto di passare pel territorio di altra parochia, potendo questo diritto essere già acquisito (c. 4.); ma essa deve provarsi nei singoli casi, avendo contrario la generale presunzione dei cc. 216 e 462 n. 7. Ad ogni modo tocca all'Ordinario prescrivere norme onde non sia turbata la pubblica tranquillità (c. 1295).

2 Monitore, vol. XXXIX, (1927) pag. 179. "La Comisión Pontificia dos veces ha interpretado los cánones sobre este punto: En 17 de Nov. de 1922 y en 10 de Nov. de 1925. "Utrum verba c. 462 n. 7" publicam processionem extra ecclesiam ducere" intelligendae sint tantummodo de processione quae initium ducit ab eccclesia paroeciali; an etiam de iis quae faciunt initium ab aliis ecclesiis intra ambitum territori paroeciae sitis, idque etiam si hae ecclesiae non sint filiales et proprium rectorem habeant? Resp. *Negative ad 1am., affirmative ad 2am., firmo, tamen,* praescripto can. 482 et 1291—§ 2. Es decir que se exceptúan las procesiones de Corpus, y las hechas con licencia del Obispo, o en los ámbitos de la iglesia exenta o de una cofradía.

3 *Vermeersch,* o. c. pag. 521, n. 808. "Aequali jure utuntur sodalitia et piae uniones", bien que de jure, las cofradías preceden a las pías uniones c. 701-" 1, y no solamente a las simples uniones pias, sino también a las uniones primarias. Ibidem-nn. 3o. y 4o.

4 Cc. 710, 711—§ 1, 713, 716 etc. etc.

5 Can. 718.

§ 1.—*Precedencia de las Archicofradías y Uniones Primarias.*

Aunque sean más modernas tienen la precedencia sobre las símples cofradías que le estén agregadas;[1] sobre las demás se dudaba antes del Código,[2] no ahora, como veremos luego.

Según, pues, el sentir de la Iglesia ya mucho antes del Código vigente, las Archicofradías no preceden sino a las cofradías de la misma especie agregadas. Por esto en la presente legislación canónica, sino interviene algún privilegio o indulto apostólico, las Aschicofradías y Uniones Primarias sólo pueden agregar a las cofradías o simples cofradías del mismo título y objeto que ellas tienen.[3] Aún más. el Código dice que por el hecho jurídico de la agregación, no adquieren las Archicofradías y Pías Uniones Primarias ningún derecho sobre las cofradías y uniones agregadas cuanto menos sobre las no agregadas.[4] Claramente se ve que la intención del Código es de no conceder el honor de la precedencia a las Archicofradías y uniones primarias sobre las no agregadas. Esta intención se hizo aún más clara en la célebre contienda de la cofradía de la Buena Muerte y la Archicofradía de la Preciosa Sangre (así condecorada por Leon XIII en 1895) estable-

---

[1] S. C. C. *in Napolitan.* 2 de Abril de 1898.

[2] *Analecta,* vol. V, pag. 22, y 399. Son de notar las palabras de la S. C. C. en la causa neapolitana de 23 de Enero de 1897. "Verum sodalitas sub titulo S. Aug. et S. Mon. fatetur in oppido hunc viguisse morem, ut si qua sodalitas titulo Archiconfraternitatis augeretur, haec statim aliam praecederet, quamvis antea praecedentiae jure non potiretur. Qui mos videretur potius jure peculiari seu consuetudinario consistere quam jure communi; nam archiconfraternitatis titulus potius se videretur referre ad alias ejusdem speciei sodalitates, et has inter constituere gradus principes seu potiores; non vero hic titulus ita videtur censendus ut absolutam inducat prioritatem et digniorem gradum prae aliis omnibus sodalitatibus etiam alterius speciei et generis. Re quidem vera, constat, ex praescripto canonum, sodalitatem a Ssmo. Sacramento nuncupatam, in processionibus ductis ad honores Corporis Domini, omnes praecedere sodalitates et archiconfraternitates. Quare, ex jure non constitutum quod titulus archiconfraternitatis alios absolute vincat titulos sive prioritatis erectionis sive pacificae posses quoad omnes alias confraternitates etiam diversae speciei.

[3] Can. 721—§ 2. "Archiconfraternitas vel primaria unio eas tantum potest confraternitates vel pias uniones sibi aggregare, quae sint ejusdem tituli ac finis, nisi indultum apostolicum aliud ferat."

[4] Can. 722—§ 2.

cidas en Montefalcone, diócesis de Benevento, Italia. La Cofradía alega ser más antigua; la Archicofradía, su título de nobleza. La S. Rota falló a favor de la cofradía contra la Archicofradía.[1]

§ 2.—*Precedencia de la Sociedad del Santísimo.*

Su título de precedencia sobre todas las Cofradías y Archicofradías viene expresado en uno de los cánones con estas palabras: "La Cofradía del Santísimo, en las procesiones donde se lleva el Satísimo Sacramento tienen la precedencia aun sobre las mismas Archicofradías.[2]

A no ser que vayan a la Procesión las Ordenes Terceras, esta sociedad tiene derecho al honor de la precedencia y aun a llevar las varas del palio y las hachas a un lado y a otro de la sagrada custodia, según se deduce de la contestación dada por la Santa Sede a una consulta del Arzobispo de Goa en 1904.[3]

I. Ya que la Sociedad del Santísimo tiene sobre, todas las cofradías, el derecho de precedencia en las procesiones, donde se lleva el Cuerpo de Cristo, lo tienen también para llevar las varas del palio y antorchas a los lados de la custodia?

II. Y dada la contestación afirmativa, puede el Ordinario permitir la costumbre de llevar otras cofradías las varas del palio y las antorchas en la procesión con el Santísimo el día de la fiesta titular de las mismas, dando en todo lo demás la precedencia a la cofradía del Santísimo?

La S. C. de Ritos en Nov. día 11 de 1904 contestó afirmativamente a la primera pregunta, y negativamente a la segunda.

---

1 *S. C. de la Rota,* 1 de Agosto de 1915.
2 Can. 701—§ 2.
3 S. C. de Ritos, 11 de Nov. de 1904. "An ex eo quod confraternitati Ssmi. Sacramenti competit loci praecedentia in processionibus Eucharisticis eidem etiam prae ceteris confraternitatibus jus adsit sustinendi hastas baldachini, sub quo Venerabilis Eucharistia deducitur, necnon portandi ad utrumque baldachini latus lucernas elatas?—Et quatenus affirmative, an ab Ordinario mos permitti possit, cujus vi aliae confraternitates in Titularis sui festo, processionem cum Venerabili Eucharistia peragentes, consuevere hastas baldachini et utrinque lucernas elatas portare, data de caetero loci praecedentia Confraternitati Sanctissimi Sacramenti? S. C. R. 11 Nov. 1904 respondit. Ad. I, affirmative; ad. II, negative.

§ 3.—*Más sobre el Palio.*

Como el Código mantiene en pleno vigor las leyes litúrgicas, salvo alguna excepción (c. 2), bien será pongamos en esta nota lo que la liturgia dicta sobre el derecho a llevar el palio y antorchas en las procesiones en que se lleva el Santísimo. La Sociedad del Santísimo no es siempre la preferida. Sabemos que no precede a la Orden Tercera. La liturgia pone además otras personas.[1]

§ 4.—*Observaciones.*

Hay algunos puntos que necesitan alguna ligera observación para que no ocasionen malas inteligencias, y aun disturbios en materia de precedencias sobre cofradías.

Las asociaciones canónicas, sean lo que fueren en el número y en la calidad , siempre llevan, ante el derecho, la primacía de honor, so-

---

[1] Caeremoniale Episcoporum lib. 1, cap. 14, n. 4 animadvertit quod in Processionibus SSmi. Sacramenti observari solet ut "primo loco deferant hastas (baldachini) sacerdotes digniores de Capitulo, sive sint Dignitates sive Canonici, sive Beneficiarii, aut Mansionarii digniores juxta consuetudinem ecclesiae. "Quibus verbis non inducitur praeceptum neque pro Canonicis neque pro allis Beneficiariis deferendi baldachini hastas, sed innuitur tantummodo vigens consuetudo. Ob defectum sacerdotum de Capitulo, nullum dubium quod vocari possunt alii sacerdotes vel etiam clerici qui, juxta Caeremoniale lib. 1, cap. 14, n. 21, hastas baldachini solum "portabunt per totam ecclesiam et in porta ecclesiae illas relinquent in manibus laicorum, qui primo loco Barones et nobiliores seu Magistratus esse debent, deinde alii."

A falta de nobles, vienen por derecho de precedencia los hermanos de la cofradía del Santísimo Sacramento, excluidos los miembros de las demás cofradías, sin que obste ninguna costumbre contraria.

Finalmente el ceremonial de los Obispos (lib. II, cap. 33, n. 7) prescribe: A lateribus hinc inde ibunt octo Capellani......portantes funalia accensa." Y la *Instrucción Clementina* para la *Oración de las Cuarenta Horas* párrafo XX, dice que no obliga fuera de Roma "extra Urbem" reza así: "Intererunt omnino, superpelliceo induti et cum intorticiis ardentibus in manu, octo Sacerdotes qui a lateribus ante baldachinum ibunt". Los Sacerdotes o clérigos que llevan los blandones no deben ir precisamente a los lados del palio, sino frente al palio (dejando naturalmente lugar para los turiferarios) y con las líneas de la procesión abiertas de modo que pueda pasar uno comodamente por medio. Decreto 4143—Antoñana, Manual de Lit. II, pag. 231.

bre las no canónicas, y ninguna es más digna que la otra por ser de iglesia o de parroquia más o menos digna o preeminente.[1]

Cuando se traslada una imágen de una casa a otra casa no hay quien pueda hacer valer su derecho a la precedencia, ya que ese acto religioso, cuan grande y solemne le quiera uno imaginar, no es procesión alguna canónica (no es *de loco sacro in locum sacrum*) y los sacerdotes harán bien en no asistir.[2] Aunque las cofradías han de procurar la buena armonía con todo el clero y guardarle la debida reverencia, con todo no están obligadas a invitarle cuando celebran sus procesiones.[3] Se supone tienen su capellán o rector. Nunca deben olvidar las cofradías que la Iglesia las ha puesto a todas bajo la vigilancia y salvaguardia del Ordinario del lugar,[4] can. 690 § 1.

Artículo V.—Precedencia de Personas no Canónicas.

Las Pías Uniones son las últimas unidades jurídicas de cuya precedencia habla el Código. Ahora, fuera de esas unidades perfectamente canónicas se encuentra la masa anónima de fieles que en muchas iglesias forma el núcleo principal de las procesiones. Naturalmente hay necesidad de poner orden entre ellos, de otro modo esa turba, sin el freno del orden y una mano benigna y firme, se tornaría chusma desatentada.

§ 1.—*Sociedades, Niños, Colegios.*

Dentro de las normas generales del Código sobre todo las fundadas en los cc. 29 y 1291—§ 1 caben otras unidades que vagan fuera del Código, tales son los Sindicatos católicos, Caballeros de Colón, gremios católicos de artes y oficios, asociaciones de caridad y beneficencia, colegios y escuelas bajo la dirección de la iglesia, grupos de niños y de adultos que desean formar parte activa de las procesiones y os-

1 *Monitore,* XXVII, paf. 30.
2 *S. C. de Ritos, decreta,* nn. 217, 1444 y 3217.
3 S. *C. de Ritos,* 2 de Abril de 1898—ASS. vol. XXXI, pag. 94.
4 *S. C. de Ritos,* 18 de Jul. de 1903—ASS. vol. XXXV, pag. 750.

tentar sus insignias y cirios encendidios etc. etc.[1] Justo es señalar un sitio a cada una de estas unidades que a veces son todo el número y ornamento de la procesión.

1) *Asociaciones no canónicas, como sindicatos católicos etc.* Estas sociedades, si hay otras canónicas tienen que ir en las procesiones inmediatamente después de las canónicas.[2]

2) *Grupos de niños, colegios y adultos que lleven cirios o insignias.* Estos deben ir o delante de las Cofradías, si las hay, o sino, delante de otras asociaciones, y si le pareciere al sacerdote mejor, también pueden ir detrás de la imágen de algún santo.[3]

§ 2.—*Elemento femenino en las Procesiones.*

Si como dijo *Il Monitore Ecclesiastico*, vol. XLXI, pag. 23, los devotos seculares de ambos sexos que lleven cirios no deben formar parte de la procesión, sino seguirla, y, que a lo más "pro bono pacis" puede tolerarse que vayan adelante, o a buena distancia de la procesión", entonces muchísimas parroquias que no tienen cofradías ni asociación alguna, y si las tienen son muy menguadas, se verían privadas de las procesiones que, por otra parte, son una excelsa manera de rendir a Dios el debido culto, *optima forma culti publici.* Mejor es inclinarse a la disciplina de la Iglesia que es más inteligente y benigna. Ya dijimos de los niños, resta que digamos del otro elemento débil o femenino.

---

[1] Van der Stappen, *Sacra lit.* q. 335.

[2] ASS. XXXIX, (1906) pag. 412—*Revue Augustinienne*, t. X, (1907) pag. 469. ¿Es lícito en las procesiones a los niños y adultos que llevan cirios e insignias preceder a las cofradías o tienen que seguir la imágen de algún santo? La S. C. de Ritos en 8 de Ag. de 1906 contestó: "Possunt procedere vel ante sodales confraternitatum sacco indutos vel post sanctas imagines." Véase el capítulo XIII, artículo II de esta Disertación).

[3] Analecta, (1888) pag. 898. En Jerusalén en las procesiones del Santísimo los niños iban vestidos de ángeles, llevando espigas o racimos como símbolos eucarísticos. Se preguntó si era lícito. La S. C. de Ritos en 7 de Feb. de 1874 respondió: Ad arbitrium Patriarchae.

Desde muy antiguo las mujeres son admitidas en las procesiones. San Gregorio Magno, en la famosa procesión que dicen septiforme, hizo una sólo de mujeres.[1]

El Ritual Rom.[2] dice el lugar que deben ocupar las mujeres en las procesiones. Quarti se ocupa en este asunto,[3] y San Carlos Borromeo dice de la manera cómo las mujeres deben ir en las procesiones sagradas,[4] y, en fin, la S. C. de Ritos en 29 de Nov. de 1901 designó el lugar propio de las mujeres en las procesiones.[5]

§ 3.—*La legislación canónica actual.*

El Código dice muy poco sobre este asunto. No admite asociaciones canónicas de solas mujeres. como parece deducirse indirectamente del can. 709—§ 2, cuyo texto dice a la letra: "Las mujeres pueden inscribirse en las asociaciones, únicamente para ganar las indulgencias o participar de las gracias espirituales."[6] Cuando el Código habla de la obligación de asistir a las procesiones, no incluye a las mujeres,[7] y refiriéndose a la de Corpus expresamente menciona a las familias religiosas de varones, pasando en silencio a las del *sexo femenino*.[8] Cuando los cánones ordenan la precedencia en las procesiones u otras solemnidades, hablan directamente de los varones de modo que las reglas o normas trazadas sobre la precedencia o no se aplican a las mujeres o si se aplican no es con relación a los varones, de los cuales deben estar e ir separadas.[9]

Con todo aunque el derecho canónico no parece preocuparse mucho

---

1 S. Greg. Magno, *"De septif. proces.*, sect. I." Ordinavit processionem mulierum segregatim a viris.

2 Ritual Rom. Tit. IX, c. I.

3 Quarti, "De proces. Punct. 3, n—168."

4 S. Carlos Bor. "Mulieres moneantur, ut nonnisi velatae incedant.—Monitore, vol. XXVIII, (1905) pag. 201.

5 ASS. vol. XXXIV, pag. 374. "In publicis processionibus nequeunt mulieres incedere inter confraternitates et clerum. Possunt sequi statuam et canere quando clerus tacet, in processione tantum et extra ecclesiam.

6 Mulieres confraternitatibus adscribi tantum possunt al lucrandas indulgentias et gratuas spirituales confrateribus concessas."

7 *Vermeersch*, II, 618; *Coronata*, II, 192.

8 Can. 1291—§ 1. "........die festo Corporis Christi unica tantum sollemnis processio....fieri debet ab ecclesia digniore....eique clerici omnes religiosaeque virorum familiae interesse debent.

9 *Larraona*, Com. pro Rel. IV, pag. 210.

de la precedencia externa de las mujeres, sin embargo nos da la norma general aplicable a todos los casos que puedan ofrecerse en orden a la precedencia de las mujeres. La letra del texto sobre este punto es como sigue: "A no ser que por el contexto literal, o por la misma naturaleza de la cosa conste lo contrario, cuanto se estatuye sobre religiosos, aunque se use de un vocablo masculino, debe entenderse dicho de las mujeres también."[1] Según este canon puede aplicarse a las mujeres lo que de los varones se aplica, si ello no va ni contra la naturaleza de la cosa ni contra la expresa ordenación de los cánones.[2]

§ 4.—*Precedencia de las mujeres.*

Por lo tanto, dentro de la disciplina general de la separación de hombres y mujeres, disciplina que ahora no contiene ningún precepto,[3] las mujeres deberán colocarse en las procesiones *ad instar virorum*. Las religiosas de votos solemnes precederán a las de votos simples; éstas, si son pontificias, a las diocesanas; las diocesanas, a todas las demás asociacione de mujeres, estén o no estén adscritas a las de hombres, y por último, las adscritas, a las no adscritas, guardando éstas entre sí, cuando vayan en procesión, el orden de precedencia, en conformidad con el c. 106, como se dijo hablando de los varones. La Orden Tercera de mujeres se iguala con las demás asociaciones.[4]

Por lo tanto, no digamos que la Iglesia deja al devoto *femineo sexo* como olvidado en las procesiones. No ha lugar, pues, responder a bulto cuando se pregunta dónde deben colocarse las mujeres en las procesiones; aun apoyados en el Código, podemos dar una respuesta definitiva.[5]

---

1 Can. 490. "Quae de religiosis statuuntur, etsi masculino vocabulo expresa, valent etiam pari jure de mulieribus, nisi ex contextu sermonis vel ex natura rei aliud constet."

2 *Chelodi, Jus de personisn.* 403; Jardi, *El derecho de los religiosos*, n. 921.

3 Can. 1262—§ 1. "Optandum est, ut. congruenter antiquae disciplinae, mulieres in ecclesia separatae sint a viris". Con mayor razón en las procesiones.

4 Ephem. lit. vol. XXXII, pag. 28.

5 No entendemos como Il Monitore vol. XXXII, pag. 28 hablando de las Hijas de María diga que han de ir "dopo la processione o prima da tutti." Eso no es poner orden. En gracia de la verdad el vol. XXXVI (1924) del Monitore dice que la precedencia de las Hijas de María en las procesiones se ha de regular *ad instar* de otras asociaciones.

CONCLUSION

En conclusión, todo lo dicho cabe resumido en esta breve síntesis. Las procesiones sagradas vienen de muy antiguo, y radican tan hondamente en la naturaleza del hombre como el deseo incontenible de manifestar a otros en una forma exterior, más o menos culta o aparatosa, las ideas religiosas o creencias que él profesa ser verdaderas o las únicas verdaderas. Es decir, que las profesiones son de derecho natural.

La Iglesia, heredera de las tradiciones y revelaciones de ambos Testamentos, divinamente comisionada para ser la voz viva de Cristo sobre la tierra, no ha cesado nunca de promover las solemnidades del culto divino, excitando a los fieles a alabar a Dios y hacer profesión de fe cristiana a la faz del mundo, conforme está escrito en el texto evangélico: "Quien me ensalzare a Mi delante de los hombres, yo le ensalzaré a él delante de mi Padre que está en el cielo." (X,32 S. Mateo).

Por eso la Iglesia ha hecho de la procesión sagrada una de las más venerandas instituciones, dando sabias leyes para conservarla en su prístina santidad y belleza, y esplendorarla con nuevos ritos y ceremonias, señaladamente cuando reúne y mueve las multitudes para celebrarla. Sabia Maestra y Madre benigna a todos sabe enseñar y guiar, y desde el Sumo Pontífice al último fiel, a todos inspira el espíritu que los debe animar, y a cada uno traza el sitio que debe ocupar y el camino que debe seguir en ese acto tan magno de religión que se llama procesión sagrada, resultando de ese ritmo de fe y de plegaria colectiva, reflejado en el ritmo del orden, de la forma y del colorido exterior un hermoso espectáculo de milicias que marchan armoniosamente bajo la mirada de Dios y de los ángeles, las cuales nos hacen pensar en aquellas milicias de Israel que se movían pausada y ordenadamente alrededor de la tienda de Dios, entre los vibrantes sonidos de las trompetas y el clamoroso popular de una misma plegaria.

Y antes de poner aquí el punto final juzgo ser un deber mío expresar mis agradecimientos y ofrecer mis respetos a toda la facultad de Derecho, cuyo verbo copioso y lleno de saber ha sido para mí fuerza estimulante y guía segura para llevar a buen término la ardua labor de los estudios jurídicos. Además, aprovecho esta ocasión tan propicia para extender mis recuerdos y afectos a todos mis caros condiscípulos, sacerdotes laureados casi todos, la flor y esperanza del clero americano, doctores que enseñarán siempre la recta doctrina, y abogados que sabrán defender la causa de la Iglesia, que es la causa de Dios, y de los pueblos.

BIBLIOGRAFIA

Fuentes

Acta Apostolicae Sedis (*AAS*) 13 vols. Mechlin, 1826-1908.

Acta Sanctae Sedis (*ASS*) Romae, 1909.

Acta et Decreta Conciliorum Recentiorum; Collectio Lucensis, 7 vols., Friburgi-Brisgoviae, 1870-1890.

Analecta Juris Pontificii, Romae, 1875.

Canones et Decreta Concilii Tridentini, 19a. ed. Taurini, 1913.

Codex Theodosianus, Ed. P. Krueger, Th. Mommsen, 3 vols. Berolini, 1905.

Collectanea S. C. de Propaganda Fide, 2 vols. Romae, 1907.

Corpus Juris Canonici, Ed. Lipsiensis II, 2 vols. 1922.

Corpus Juris Civilis, 3 vols., Berolini, 1928.

Didaké, 8a. ed. English Translation by Philip Schaff, Edimburg, T. T. Clark 1885.

Great (*The*) *Encyclical Letters of Pope Leo XIII,* New York, Benziger Brothers.

Monumenta Franciscana, Rolls series, ed. Brewer, 1858.

Rituale Romanum Pauli V a Benedicto XIV auctum, Augustae Taurinorum, 1874.

Sacrae Romanae Rotae Decisiones seu Sententiae, 8 vols. Romae, 1765.

Sacrorum Conciliorum Nova et Amplissima Collectio (Mansi) 53 vols. Parisiis, 1901-1927.

Thesaurus Resolutionum Sacrae Congregationis Concilii, 167 vols. Romae, 1718-1908.

Autores

Antoñana Gregorio, *Manual de Liturgia,* vols. Madrid, 1926.

Appeltern Victorius, *Compendium Juris Regularis,* Tornaci, 1913.

Barbosa Agustinus, *Collectanea Doctorum tam veterum quam recentiorum in Jus universum,* Lugdini, 1658.

Battandier A., *Guide Canonique pour les constitutions des Institutes à voeux simples,* Paris, 1923.

Bernard Federic, *Bibliotheque de Marseilles—Les Retes Celèbres.*

Bickwell Gustavo, *Messe und Pasha,* 1891.

Bizzarri *A. Collectanea,* Romae, 1885.

Blat Albertus, *Commentarium Textus Codicis Juris Canonici,* 5 vols. Romae, 1921-1927.

Bouix C. *Tractatus de Jure Regularium*, 2 vols. Parisiis, 1882.

Cabrol E., *Dictionaire d' Archeologie Chretienne et de Liturgie*, Paris, 1924. 1924.

Callevaart C., *Collatio Brugensis*, 12 vols. 1908.

Calvin Johan, *Magnum Lexicon Juridicum*, Coloniae, 1759.

Cappello Felice, *Chiesa e Stato*, Roma, 1910.

Cavagnis N., *Institutiones Juris Publici Ecclesiastici*, Romae, 1892.

Ceconi Leonardo, *Instituzione de' seminari*, 1756.

Cesar Cantu, *Historia Universal, Edición Española*, 38 vols. Madrid, 1850.

Cornelius A. Lapide, *Commentarium in Epistolas Canonicas*, Venetiis, 1717.

Coronata Conte Mateo, *Institutiones Juris Canonici*, Taurini, 1928.

Cunradi Joannes, *Expositio Methodica Novellarum Imperatoris Justiniani*, Editio Novissima Florentiae, 1839.

Chelodi J. *Jus de Personis juxta Codicem*, 1920.

D' Annibale, *Summula Theologiae Moralis*, Romae, 1897.

Duchesne J. *The Early History of the Church*, New York, 1909.

Durandus Guillelmus, *Speculum Juris*, 3 vols. Venetiis, 1586.

Espasa, *Diccionario Universal Enciclopédico*, 72 vols. Barcelona, 1903.

Farges, A., *Philosophia Scholastica*, ed. 37a. Paris, 1924.

Ferraris Lucius, *Prompta Bibliotheca*, Romae, 1779.

Fleury C., *Ecclesiastical History*, 2 vols. London, 1844.

Funk F. X., *A Manual of Church History*, 2 vols. St. Louis, 1910.

Gardner Percy, *The Origin of the Lord's Supper*, 1893.

Gaume J. *Catechisme de Perseverance*, 8 vols. Lyon, 1839.

Gavantus-Merari, *Thesaurus Sacrorum Rituum*.

Genicot Eduardus, *Theologiae Moralis Institutiones*, 2 vols. Lovanii, 1897.

Gennau Casimirus, *Consultazioni Morali Canoniche-Liturgiche*, 2 vols. Romae, 1895.

Gigot F. E. *Biblical Lectures*, Baltimore, 1901.

Goyeneche Servus, *Cursus Institutionum Juris Canonici*, Romae,1932.

Harper W. *Latin Dictionary*, New York, 1882.

Heitmuller M. W., *Taufe und Abendmahl by Paulus*, Berlin, 1903.

Jardi A., *El Derecho de las Religiosas*, Vich, 1923.

Josefo Flavio, *Antiquaitatum Judicarum Libri XX, Basilae*, 1554.

Kellner Heinrich, *Heortogy*, English edition, London, 1908.

Larraona Arcadius, *De Praecedentia personarum, Commentarium pro Religiosis*, 1923.

Liddell Henry George, *Greek-English Dictionary*, New York, 1897.

Manachi Thomas, *Origenes et Antiquitates*, 1749.

Mandonet P. *Les Origenes de l' Ordo Poenitentiae, Fribourg*, 1898.

Maroto Felipe, *Institutiones Juris Canonici*, 3a. ed. 2 vols. Romae, 1921.

Martene C., *De Antiquis Ecclesiae Ritibus*, Venezia, 1788.

Moroni, *Dizionario Storico-Ecclesiastico*, Venezia, 1858.

Postius Juan, *El Código Aplicado a España*, 5a. ed. Madrid, 1926.

Prümmer Dominicus, *Manuale Juris Ecclesiastici*, Friburgi, 1920.

Rosati Luigi., *Manuale di Spiegazione del Catechismo*, 2 vols. Trento, 1909.

Rouge E., *Conference sur la religion des anciens Egyptiens,* Paris, 1868.
Santamaria F., *Comentarios al Código Canónico,* Barcelona, 1920.
Schanck J., *Geschichte der dramatischen Literatur in Spanien,* 1846.
Schaeffer Timotheus, *Compendium de Religiosis ad Norman Codicis Juris Canonici,* Muenster, 1927.
Serarius N., *Litaneutici seu de Litaniis libelli duo,* Coloniae, 1609.
Sifflet (L'Abbé) *Manuel Complet du Catechiste,* 1913.
Silverio (Frai) de Santa Teresa de Jesús, *Notas a las Obras de la Santa,* Burgos, 1930.
Vermeersch-Creusen, *Epitome Juris Canonici,* 3 vols., Romae, 1925.
Vigouroux F. *Manuale Biblico, Traducción Italiana,* S. Pier d' Arena, 1912.
Vito Pasquale, *Quistione Canoniche,* Napoli, 1926.
Wernz-Vidal, *Jus Canonicum* 3 vols. Romae, 1923.
Wordsworth N., *Salisbury Ceremonies and Processions,* 1901.

Revistas

Ami du Clergé, Paris, 1910.
American Ecclesiastical Review, Philadelphia, 1889.
Analecta Juris Pontificii, Romae, 1855-1868; Parisiis, 1869-1890.
Annuarium Pontificium, Romae, 1930.
Apolinaris, Commentarium Juridico-Canonicum, Romae, 1928.
Ciudad de Dios, Revista Agustiniana, Madrid, 1880.
Civilta Cattolica, Roma, 1865.
Commentarium pro Religiosis, Romae, 1920.
Ephemerides Liturgicae, Romae, 1887.
Etudes, Paris, 1905.
Homiletic and Pastoral Review, New York, 1900.
Ilustración del Clero, Madrid, 1907.
Ilustrazione Vaticana, Roma, 1930.
Jus Pontificium, Annus VII, Fasciculus IV, Romae, 1927.
Monitore Ecclesiastico, Roma, 1903.
Periodica, Romae et Brugis, 1905.
Razón y Fe, Madrid, 1908.
Revue Augustinienne, Paris, 1907.
Revue Benedictione, Abbaye de Maredson, 1884.

Universitas Catholica Americae

Washington, D. C.

Facultas Juris Canonici

1932

No. 75

DEUS LUX MEA

TITULI

QUOS

AD DOCTORATUS GRADUM

IN

JURE CANONICO

APUD UNIVERSITATEM CATHOLICAM AMERICÆ

CONSEQUENDUM

PUBLICE PROPUGNABIT

CAMILLUS TORRENTE

SACERDOS CONGREGATIONIS MISSIONARIORUM FILIORUM IMMACULATI CORDIS MARIAE.

JURIS CANONICI LICENTIATUS.

HORA IX A.M. DIE XXIV MAJI A.D. MCMXXXII

TITULI

DE JURE CANONICO

I	De Dissertatione.	
II	De Historia Juris Canonici.	
III	Canones 1-7	De Ambitu Codicis.
IV	Canones 8-24	De Legibus Ecclesiasticis.
V	Canones 25-30	De Consuetudine.
VI	Canones 31-35	De Temporis Supputatione.
VII	Canones 63-79	De Privilegiis
VIII	Canones 80-86	De Dispensationibus
IX	Canones 87-107	Generales Notiones de Personis.
X	Canones 111-117	De Clericorum Adscriptione alicui Dioeecesi.
XI	Canones 118-123	De Juribus et Privilegiis Clericorum.
XIII	Canones 145-195	De officiis Ecclesiasticis.
XIV	Canones 196-210	De Postestate Ordinaria et Delegata.
XII	Canones 124-144	De Obligationibus Clericorum.
XV	Canones 487-498	De Notione, Erectione, Suppressione Religionis.
XVI	Canones 499-537	De Religionum Regimine.
XVII	Canones 1019-1034	De iis Quæ Matrimonii Celebratione præmitti debent.
XVIII	Canones 1035-1057	De Impedimentis in Genere.
XIX	Canones 1058-1066	De Impedimentis Impedientibus.
XX	Canones 1068-1080	De Impedimentis Dirimentibus.
XXI	Canones 1081-1093	De Consensu Matrimoniali.
XXII	Canones 1094-1103	De Forma Celebrationis Matrimonii.
XXIII	Canones 1104-1107	De Matrimonio Conscientiæ.
XXIV	Canones 1108-1109	De Tempore et Loco Celebrationis Matrimonii.
XXV	Canones 1110-1117	De Matrimonii Effectibus.
XXVI	Canones 1118-1127	De Dissolutione Vinculi.
XXVII	Canones 1552-1556	De Notione Judicii et de Foro Competenti.
XXVIII	Canones 1569-1607	De Variis Tribunalium Gradibus et Speciebus.
XXIX	Canones 1608-1645	De Disciplina in Tribunalibus srvanda.
XXX	Canones 1646-1666	De Partibus in Causa.
XXXI	Canones 1667-1705	De Actionibus et Exceptionibus.
XXXII	Canones 1706-1725	De Causæ Introductione.
XXXIII	Canones 1726-1746	De Litis Contestatione, de Litis Instantia, et de Interrogationibus Partibus in Judicio Faciendis.

XXXIV	Canones	1747-1836	De Probationibus.
XXXV	Canones	1837-1857	De Causis Incidentibus.
XXXVI	Canones	1865-1877	De Processus Publicatione, de Conclusione in Causa, de Causæe Discussione, et de Sententia.
XXXVII	Canones	2147-2161	De Modo Procedendi in Remotione Parochorum Inamovibilium et Amovibilium.
XXXVIII	Canones	2186-2194	De Suspensione ex Informata Conscientia.
XXXIX	Canones	2195-2198	De Natura Delicti ejusque Divisione.
XL	Canones	2199-2211	De Imputabilitate Delicti, de Causis illam aggravantibus, vel minuentibus, et de Juridicis Delicti Effectibus.
XLI	Canones	2212-2213	De Conatu Delicti.
XLII	Canones	2214-2240	De Pœnis in Genere.
XLIII	Canones	2241-2285	De Pœnis Medicinalibus seu de Censuris.
XLIV	Canones	2286-2305	De Pœnis Vindicativis.
XLV	Canones	2306-2313	De Remediis Pœnalibus et Pœnitentiis

DE JURE ROMANO

XLVI	The Periods of Roman Law.
XLVII	Furtum.
XLIX	Slavery.
XL	Citizenship.
LI	Marriage.
LII	Patria Potestas.
LIII	Personæ in Manu.
LIV	Personæ in Mancipio.
LV	Tutela.
LVI	Cura.
LVII	Possessio.
LVIII	Proprietas.
LIX	Adoptio et Adrogatio.
LX	The Roman Family.

Vidit Facultas:

VALENTINUS SCHAAF. O.F.M., J.C.D., *Vice Decanus.*
LUDOVICUS H. MOTRY, S.T.D., J.C.D., *a Secretis.*
FRANCISCUS J. LARDONE, S.T.D., J.U.D.
JOHN MCDILL FOX, LL. B.

Vidit Rector Magnificus Universitatis:
JACOBUS HUGO RYAN, PH.D., S.T.D., LL.D., LITT.D.

NOTA BIOGRAFICA

Camilo Torrente, autor de este ensayo, nació en Tolva, Provincia de Huesca, España, el 18 de Julio de 1870. Hechos sus estudios elementales en la escuela de su pueblo natal, y cursadas las latinidades en el Seminario de Lérida, pidió ser admitido como postulante en la Congregación de Misioneros, Hijos del Inmaculado Corazón de María, donde hizo la profesión religiosa y toda la carrera eclesiástica, recibiendo el presbiterado en Victoria, Alava, el 8 de Junio de 1895. Después de haber ejercido de profesor de filosofía en la Universidad de Cervera por cinco años, fué enviado a las misiones de Méjico, Tejas y California el año 1900. De 1908 a 1914 fué subdirector de una revista, por cuyos escritos el gobierno mejicano le desterró a este país, donde la obediencia le ha dedicado al ministerio parroquial hasta que en 1929 los superiores tuvieron a bien darle un descanso en Washington que él ha aprovechado para asistir a las clases de derecho canónico.

CATHOLIC UNIVERSITY OF AMERICA

CANON LAW STUDIES

1. FRERIKS, REV. CELESTINE A., C.PP.S., J.C.D., Religious Congregations in Their External Relations, 121 pp., 1916.

2. GALLIHER, REV. DANIEL M., O.P., J.C.D., Canonical Elections, 117 pp., 1917.

3. BORKOWSKI, REV. AURELIUS L., O.F.M., J.C.D. De Confraternitatibus Ecclesiasticis, 136 pp., 1918.

4. CASTILLO, REV. CAYO, J.C.D., Disertación Histórica-Canónica sobre la Potestad del Cabildo en Sede Vacante o Impedida del Vicario Capitular, 99 pp., 1919 (1918).

5. KUBELBECK, REV. WILLIAM J., S.T.B., J.C.D., The Sacred Penitentiaria and its Relations to Faculties of Ordinaries and Priests, 129pp., 1918.

6. PETROVITS, REV. JOSEPH J. C., S.T.D., J.C.D., The New Church Law on Matrimony, X-461 pp., 1919.

7. HICKEY, REV. JOHN J., S.T.B., J.C.D., Irregularities and Simple Impediments in the New Code of Canon Law, 100 pp., 1920.

8. KLEKOTKA, REV. PETER J., S.T.B., J.C.D., Diocesan Concultors, 179 pp., 1920.

9. WANNENMACHER, REV. FRANCIS, J.C.D., The Evidence in Ecclesiastical Procedure Affecting the Marriage Bond, 1920. (Not Printed).

10. GOLDEN, REV. HENRY FRANCIS, J.C.D., Parochial Benefiles in the New Code, IV-119 pp., 1921. (Printed).

11. KOUDELKA, REV. CHARLES J., J.C.D., Pastors, Their Rights and Duties According to the New Code of Canon Law, 211 pp., 1921.

12. MELO, REV. ANTONIUS, O.F.M., J.C.D., De Exemptione Regularium, X-188 pp., 1921.

13. SCHAAF, REV. VALENTINE THEODORE, O.F.M. S.T.B., J.C.D., The Cloister, X-180 pp., 1921.

14. BURKE, REV. THOMAS JOSEPH, S.T.B., J.C.D., Competence in Ecclesiastical Tribunals, IV-117 pp., 1922.

15. Leech, Rev. George Leo, J.C.D., A Comparative Study of the Constitution "Apostolicæ Sedis" and the "Codex Juris Canonici," 179 pp., 1922.

16. Motry, Rev. Hubert Louis, S.T.D., J.C.D., Diocesan Faculties According to the Code of Canon Law, II-167 pp., 1922.

17. Murphy, Rev. George Lawrence, J.C.D., Delinquencies and Penalties in the Administration and Reception of the Sacraments, IV-121 pp., 1923.

18. O'Reilly, Rev. John Anthony, S.T.B., J.C.D., Ecclesiastical Sepulture in the New Code of Canon Law, II-129 pp.,1923.

19, Michalicka, Rev. Wenceslas Cyrill, O.S.B., J.C.D., Judicial Procedure in Dismissal of Clerical Exempt Religious 107 pp., 1923.

20. Dargin, Rev. Edward Vincent, S.T.B., J.C.D., Reserved Cases According to the Code of Canon Law, IV-103 pp., 1924.

21. Godfrey, Rev. John A., S.T.B. J.C.D., The Right of Patronage According to the Code of Canon Law, 153 pp., 1924.

22. Hagedorn, Rev. Francis Edward, J.C.D., General Legislation on Indulgences,II-154 pp., 1924.

23. King, Rev. James Ignatius, J.C.D., The Administration of the Sacraments to Dying Non-Catholics, V-141 pp., 1924.

24. Winslow, Rev. Francis Joseph, A.F.M., J.C.D., Vicars and Prefects Apostolic, IV-149 pp., 1924.

25. Correa, Rev. Jose Servellon, S.T.L., J.C.D., La Potestad Legislativa de la Iglesia Católica, IV-127 pp., 1925.

26. Dugan, Rev. Henry Francis, A.M., J.C.D., The Judiciary Department of the Diocesan Curia, 87 pp., 1925.

27. Keller, Rev. Charles Frederick, S.T.B., J.C.D., Mass Stipends, 167 pp., 1925.

28. Paschang, Rev. John Linus, J.C.D., The Sacramentals According to the Code of Canon Law, 129 pp., 1925.

29. Piontek, Rev. Cyrillus, O.F.M., S.T.B., J.C.D., De Indulto Exclaustrationis necnon Sæcularizationis, XIII-289 pp., 1929.

30. Kearney, Rev. Richard Joseph, S.T.B., J.C.D.. Sponsors of Baptism According to the Code of Canon Law, IV-127 pp., 1925.

31. Bartlett, Rev. Chester Joseph, A.M., LL.B., J.C.D., The Tenure of Parochial Property in the United States of America, V-108 pp., 1926.

32. Kilker, Rev. Adrian Jerome, J.C.D., Extreme Unction, V-425 pp., 1926.

33. McCormick, Rev. Robert Emmet, J.C.D., Confessors of Religious, VIII-266 pp.. 1926.

34. Miller, Rev. Newton Thomas, J.C.D., Founded Masses According to the Code of Canon Law, VII-93 pp., 1926.

35. Roelker, Rev. Edward G., S.T.D.. J.C.D., Principles of Privilege According to the Code of Canon Law, XI-166 pp., 1926.

36. Bakalarczyk, Rev. Richardus, M.I.C., J.U.D., De Novitiatu, VIII-208 pp., 1927.

37. Pizzuti, Rev. Lawrence, O.F.M., J.U.L., De Parochis Religiosis, 1929.

38. Bliley, Rev. Nicholas Martin, O.S.B., J.C.D., Altars According to the Code of Canon Law, XIX-132 pp., 1927.

39. Brown, Brendan Francis, A.B., LL.M., J.U.D., The Canonical Juristic Personality with Special Reference to its Status in the United States of America, V-212 pp., 1927.

40. Cavanaugh, Rev. William Thomas, C.P., J.U.D., The Reservation of the Blessed Sacrament, VIII-101 pp., 1927.

41. Doheny, Rev. William J., C.S.C., A.B., J.U.D., Church Property; Modes of Acquisition, X-118 pp., 1927.

42. Feldhaus, Rev. Aloysius H., C.PP.S., J.C.D., Oratories, IX-141 pp., 1927.

43. Kelly, Rev. James Patrick, A.B., J.C.D., The Jurisdiction of the Simple Confessor, X-208 pp., 1927.

44. Neuberger, Rev. Nicholas J., J.C.D., Canon 6, or the Relation of the Codex Juris Canonici to the Preceding Legislation, V-95 pp., 1927.

45. O'Keeffe, Rev. Gerald Michael, J.C.D., Matrimonial Dispensations, Powers of Bishops, Priests, and Confessors, VIII-232 pp., 1927.

46. Quigly, Rev. Joseph, A.M., A.B., J.C.D., Condemned Societies, 139 pp., 1927.

47. Zaplotnik, Rev. Ioannes Leo, J.C.D., De Vicariis Foraneis, X-142, 1927.

48. Duskie, Rev. John Aloysius, A.B., J.C.D., The Canonical Status of the Orientals in the United States, VIII-196 pp., 1928.

49. Hyland, Rev. Francis Edward, J.C.D., Excommunication, Its Nature, Historical Development and Effects, VIII-181 pp., 1928.

50. Reinmann, Rev. Gerald Joseph, O.M.C., J.C.D., The Third Order Secular of Saint Francis, 201 pp., 1928.

51. Schenk, Rev. Francis J., J.C.D., The Matrimonial Impediments of Mixed Religion and Disparity of Cult, XVI-318 pp., 1929.

52. Coady, Rev. John Joseph, S.T.D., J.U.D., The Appointment of Pastors, VIII-150 pp., 1929.

53. Kay, Rev. Thomas Henry, J.C.D., Competence in Matrimonial Precedure, VIII-64 pp., 1929.

54. Turner, Rev. Sidney Joseph, C.P., J.U.D., The Vow of Poverty, XLIX-217 pp., 1929.

55. Kearney, Rev. Raymond A., A.B., S.T.D., J.C.D., The Principles of Delegation, VII-149 pp., 1929.

56. Conran, Rev. Edward James, A.B., J.C.D., The Interdict, V-163 pp., 1930.

57. O'Neill, Rev. William H., J.C.D., Papal Rescripts of Favor, VII-218 pp., 1930.
58. Bastnagel, Rev. Clement Vincent, J.U.D., The Appointment of Parochial Adjutants and Assistants, XV-257 pp., 1930.
59. Ferry, Rev. William A., A.B., J.C.D., Stole Fees, X-107 pp., 1930.
60. Costello, Rev. John Michael, A.B., J.C.D., Domicile and Quasi-Domicile, VII-201 pp., 1930.
61. Kremer, Rev. Michael Nicholas, A.B., S.T.B., J.C.D., Church Support in the United States, VI-136 pp., 1930.
62. Angulo, Rev. Luis Martinez, C.M., J.C.L., Legislación de la Iglesia Católica sobre la intención en la aplicación de la Misa, 1931.
63. Frey, Rev. Wolfgang Norbert, O.S.B., A.B., J.C.L., The Act of Religious Profession, 1931.
64. Roberts, Rev. James Brendan, A.B., J.C.L., The Banns of Matrimony, 1931.
65. Ryder, Rev. Raymond Aloysius, A.B., J.C.L., Simony, 1931.
66. Campagna, Michael Angelo, Ph. B., J.U.L., Il Vicario Generale del Vescovo, 1931.
67. Cox, Rev. Joseph Godfrey, A.B., J.C.L., The Administration of Seminaries, 1931.
68. Gregory, Rev. Donald Joseph, S.T.B., J.U.L., The Pauline Privilege, 1931.
69. Donohue, Rev. John Francis, M.A., J.C.L., The Impediment of Crime, 1931.
70. Dooley, Rev. Eugene Aloysius, O.M.I., J.C.L., Church Law on Sacred Relics, 1931.
71. Orth, Rev. Clement Raymond, O.M.C., J.C.D., The Approbation of Religious Institutes, 171 pp., 1931.
72. Pernicone, Rev. Joseph M., A.B., J.C.D., The Ecclesiastical Prohibition of Books, XII-267 pp., 1932.
73. Clinton, Rev. Connell, A.B., J.C.L., The Paschal Precept, 1932.
74. Donnelly, Rev. Francis B., A.M., S.T.L., J.C.L., The Diocesan Synod, 1932.
75. Torrente, Rev. Camilo, C.M.F., J. C. L., Las Procesiones Sagradas, 1932.
76. Murphy, Rev. Edwin J., C.PP.S., J.C.L., Suspension Ex Informata Conscientia, 1932.
77. MacKenzie, Rev. Eric F., A.M., S.T.L., J.C.L., The Delict of Heresy in its Commission, Penalization, Absolution, 1932.
78. Lyons, Rev. Avitus E., S.T.B., J.C.L., The Collegiate Tribunal of First Instance, 1932.
79. Connolly, Rev. Thomas A., J.C.L., Appeals, 1932.
80. Sangmeister, Rev. Joseph V., A. B., J.C.L., Force and Fear as Precluding Matrimonial Consent, 1932.
81. Jaeger, Rev. Leo A., A.B., J.C.L., The Administration of Vacant and Quasi-Vacant Episcopal Sees in the United States, 1932.
82. Rimlinger, Rev. Herbert T., J.C.L., Error Invalidating Matrimonial Consent, 1932.
83. Barrett, Rev. John D. M., S.S., J.C.L., Comparative Study of the Third Plenary Council and the Code, 1932.

www.ingramcontent.com/pod-product-compliance
Lightning Source LLC
LaVergne TN
LVHW050220080826
844660LV00012B/443

* 9 7 8 0 8 1 3 2 2 2 6 4 6 *